“茅舍槿篱溪曲”

“门外春波荡绿”

踏上回归精神故里寻古探幽的旅程，

感受乡土的温暖与润泽，

体味精神家园的馨香。

中国民间文化遗产抢救工程
THE PROJECT TO CHINESE FOLK CULTURAL HERITAGES
SOS

中国千年古县丛书

中国千年古县

河北内丘

中国民间文艺家协会／组织编写
总主编／潘鲁生　邱运华
本卷主编／和莲芬　秦凤英　张贵生

知识产权出版社

《中国千年古县·河北内丘》
编委会

积聚海量信息 寻觅科学路径（序一）

邱运华

传统村落保护是当下中国文化遗产保护工作中最重要的社会性课题之一。对于一个具有绵延五千年不间断农业文明的民族来说，传统村落能否得到妥善保护更是一个文明能否传承的关键问题。

传统村落保护是当代社会发展的普遍问题，不独中国社会存在，西方发达国家存在，东方发达国家也存在。从世界范围看，这是一个国家从欠发达到发达、从农业社会过渡到工业社会、从以农村为主体发展到城镇化生活方式过程中普遍存在的问题。有学者把中国农村经济结构改造、社群建设、新文化建设和整体民生改善工作这一进程，追溯到 20 世纪 50 年代。但我以为，它毕竟不是我们现在所处的整体转向工业化、城市化进程中遇到的课题。中国社会同一性质的乡村保护课题，起源还是世纪之交的 2003 年 2 月 18 日“中国民间文化遗产抢救工程”。2012 年 12 月 12 日，住房和城乡建设部、文化部、财政部联合发布《关于加强传统村落保护发展工作的指导意见》，2014 年 4 月 25 日，除上述三部外又增加了国家文物局，联合发布《关于切实加强中国传统村落保护的指导意见》，两次重申传统村落保护的联合行动。冯骥才先生在 2012 年的一篇文章里把传统村落保护提高到文明传承的高度，我认为非常正确。中国社会各界对传统乡村保护的问题，有着非常积极的呼应。

中国是发展中国家，但是从东部、南部和东南部区域看，具有发达国家的基本特征。农村人口从西部向东部、从村落向城镇转移，是 1990—2010 年之间最重要的社会现象，这一巨大的人口变迁集中表现为城镇人口急速膨胀、传统村落急速空心化，不少历史悠久的自然村落仅仅剩下老人和儿童。因此，传统村落的保护在中国面临的问题，与发达国家相比，具有共同性。例如，从“二战”后恢复到工业化时期，德国和日本先后进行的村落更新或改造项目，具有几个明显特征：一是以激发村落内部活力、发展农村经济作为前提，以改造农村基本生活设施作为基础展开；二是村落更新或再造项目以土地管理法令的再研究作为保障；三是建立了学术界论证、公布更新或再造规划、政府支持的财政额度及投入指向、个性化改造方案与村民意愿表达的有效沟通机制，有效保障村落历史文化、自然风景、公共空间与私人空间等要素。综合来看，先行的国家特别注重传统村落的“民间日常生活”保存问题。

所谓“民间日常生活”的具体含义是什么？乃指传统村落村民群体的方言、交往方式、经济生产活动、衣食住行、生老病死、教育、节日活动、传统风俗、民间信仰活动以及区域性的传统手工艺活动等，以及上述种种的精神性、思想性、文化性、艺术性和物质性表现形态。长期以来，中国传统村落之所以成为民族文化的保留者和传承平台，核心在于保存着这个民间日常生活，它的内容和方式，在民间日常生活的基础上，方可承载不同样式、层次的民族文化。

之所以在这里提出“民间日常生活”作为传统村落的文化基础问题，乃是因为看到目前对待传统村落的两种观点具有相当的欺骗性，并不同程度地主宰和误导了传统村落的基本价值指向。一种是浪漫主义传统村落观，一种是商业主义传统村落观。浪漫主义传统村落观把传统村落理想化、浪漫化，仿佛传统村落是用来怀旧的，象征着一切美好的自然与人类的和谐，田园风光，日出而作，日落而息，男耕女织，像是《桃花源记》里的武陵源，“不知有汉，无论魏晋”。但是，这不是民间日常生活；民间日常生活还包含在落后生产力条件下的温饱之苦、辛劳之苦，是传统村落里百姓的生活常态；生产关系之阶级阶层压迫、政治强权和无权地位，以及在自然面前束手无策，在兵灾、匪患和种种欺男霸女面前的悲惨状态，甚至中华人民共和国成立以来出现过的政治压迫、思想禁锢和社会运动之灾，是乡村浪漫主义者无法想象的，而这，就是大多数传统村落的民间日常生活。文人雅士，在欣赏田园风光和依依炊烟之时，能否探入茅舍，去看看灶台、铁锅和橱柜，去看看大量农夫、农妇的身子，他们是否仍然饥饿、寒冷？或者他们的孩子是在劳作还是就学？商业主义传统村落观呢，则直接把传统村落改造成伪古典主义的模版，打造成千篇一律的青砖瓦房，虚构出一系列英雄史诗和骑士传奇，或者才子佳人和神异仙境的故事，两者相嫁接，转化为商业价值或者政绩价值，成为行政或市场兜售的噱头，这一行为成为当下传统村落“保护”的常态。这两种传统村落观，一个共同的特点是把村落与民间日常生活相割裂，抹杀了民间日常生活在传统村落里的价值基础，从而，也直接把世世代代生活于这一场景的村民们赶出村落，嫌他们碍事，妨碍了我们的浪漫主义和商业主义梦想；他们不在场，我们可以肆意妄为地文化狂欢。那些在民间日常生活中久存的精神性的、思想性的、文化性的、艺术性的符号，均不在话下。但是，假如村民不在场，社群活力不再，传统村落如何是活态的呢？西方哲学有一个时髦术语，叫作“主体缺失”，因为主体缺失，因而话语狂欢。

关注传统村落的村民，无疑是中国传统村落保护的第一要素。但恰好是人这第一要素构成了传统村落的凋敝和乡愁的产生。

1990年至2010年这二十年，随着一些区域传统村落里村民流动性的增强，特别是青壮年村民向东部、东南部和南部沿海地区季节性的流动，极大地影响了这些区域传统村落民间日常生活的展开，减弱了传统村落的社群活力，也相应削弱了传统文化活动的开展。这样，构成传统村落民间日常生活的内容慢慢演变成淡黄色、苍白色，成为一种模糊记忆，抑或转化为一年一度的春节狂欢，最后，演变定格成为日常性质的乡愁。民间日常生活不再完整地体现在现在乡村生活之中。那个完整的民间日常生活，在我们不得不离开它的土壤之后，便蜕变为乡愁。乡愁这只蝴蝶的卵，就是民间日常生活。而伴随着乡愁这只蝴蝶而出现的，却是一个个村落日常生活不断凋敝、慢慢消失。乡愁成为我们必须抓住的蝴蝶，否则，我们的家乡便消失在块垒和空气之中，我们千百年创造的文化便无所依凭。然而，据统计，在进入21世纪（2000年）时，我国自然村总数为363万个，到了2010年，仅仅过去十年，总数锐减为271万个。十年内减少约90万个自然村。若是按照这个速度发展下去，三年、五年之后，我们的传统村落便所剩无几了。也就是说，出生和成长在这些村落而现在散居在世界各地的人们，将无以寄托他们的乡愁。若是其中有的村落有几百年、上千年甚至更久远的历史呢？若是其中有的村落有着华夏一个独特姓氏、家族、信仰和其他各种人文景观等等呢？

越来越多的学者开始从事传统乡村保护的研究工作，例如《人民日报》2016年10月27日发表了“老宅、流转、新生”为题的介绍黄山市探索古民居保护新机制的文章，还配发了题为“古民居保护，避免‘书生意气’”的评论；《中国文化报》2016年10月29日发表了题为“同乡村主人一起读懂文化传承”的文章，提出了“新乡村主义”的概念，在它的题目之下，包含有乡村治理、乡村重建和乡村产业化的多功能孵化等内容。为此，文章提出了“政府在制定政策方面、标准化编列预算、聘请专家团队和NGO组织，进行顶层设计、人才培养、产业孵化和公共服务”四项基本措施，还配发了“莫让古民居保护负重前行”的文章。《光明日报》2016年11月15日发表了题为“福建土堡：怎样在发展中留住乡愁”的报道，记叙了专家考察朱熹故乡福建三明尤溪土堡的过程；记者报道了残存的土堡现状，记录下专家们的意见：政府与社会资本合作的“PPP模式”，面对乡村人口日趋减少的不可逆现实，应该吸引城市中的人回到乡村，将土堡打造为“民宿”，在不破坏现有形制的前提下，实现功能更新。也有专家提出，就保护而言，首先应该考虑当地人，人的利益是优先的，只有做到长期发展而不是只顾短期利益，文化遗产保护事业才能够持续发展，等等。

上述建议，已经超越了简单的乡愁情怀，而诉诸国家土地法规、资金筹措模式、专家功能实现等层次。应该说，在越来越深入研究、讨论的基础上，对传统村落保护的思路越来越宽了，为政府制定传统村落保护法提供了良好的基础。在国家立法的基础上，国家、地方政府组织专家开展普查，确认传统村落的级别，分别实施不同层次的激活、保护、开发，才有坚实的基础。

我理解，通过专家学者的普查、认定，得出的结论一定会有利于政府形成健全完备的保护方案和具体操作措施。一方面，对仍然有社群活力的乡村，实施新农村建设规划，改善其经济机制，改建生活设施，改善村民的生活条件，把工作重点聚焦到提高农业产业框架基础、为居民提供更好的生活环境、增强村庄文化意识、保存农村聚落特征上来。另一方面，为有着特殊文化传承却逐渐凋敝，甚至失去社群活力的乡村，探索一套完善保护的工作模式，形成一种工作机制，并得到国家法规政策的支持和保障，包括土地规划、投资体制、严格的环境保护，建立严格的农民参与机制等，为保留故乡记忆、记住我们的乡愁，留下一系列艺术博物馆、乡村技艺宾馆，产生具有独特价值的“乡愁符号”。

作为“中国民间文化遗产抢救工程”的重要项目之一，《中国千年古县丛书》正是通过众多专家学者和民间文艺工作者辛勤的田野调查工作，在中国民协推动的“中国传统村落立档调查工程”所积聚的海量信息基础上，多学科、多视角地反映当下古城古镇和传统村落现状，发掘传统文化的独有魅力，进而为保护和传承优秀传统文化积累鲜活的素材，汇拢丰富的经验并寻觅科学的路径。相信这套丛书的出版将对古城古镇和传统村落的保护发挥积极作用。

2017 年 3 月

（作者系中国民间文艺家协会分党组书记、驻会副主席）

寻找中华历史之根 探秘中华文明之源(序二)

郑一民

站在21世纪桥头，审视由中华民族历代先贤所创造并守护的浩瀚历史文化遗产，千年古县堪称在世界上引以为豪的珍贵国家财富。

众所周知，地名是人类历史的产物，承载这种产物的重要载体就是千年古县。她所承载的历史与文化信息，具有民族和地域人群的认同性和延续性。联合国地名标准化会议将地名的这种价值，称为民族文化遗产。按照联合国制定的千年古县标准与条件，经联合国地名组织和国家民政部审查和认定，在我国近3000个县级行政区中，被确认为千年古县的有800个，并列入中国地名文化遗产重点保护对象。一个国家能拥有800个千年古县，这在世界上绝无仅有！

千年，对历史老人来说只是一段短暂时光，但对人类有文字记载的历史来说，却是一条很长很长的河。在这条河中，不仅到处闪烁着古代物质文明和非物质文明之光，近现代的创造与建设更是举目可见。她用生生不息书写着中华民族的自尊自强，用各种遗迹和现状鲜活地诠释着我们走过的坎坷与辉煌！但在现代化、全球化的飓风席卷地球，强势文化疯狂吞噬各民族固有文化的现实中，千年古县也受到不同程度的侵袭，曾出现一些地方为了解决眼前的贫困和一时利益而把凝聚着历代先人智慧、业绩和精神的珍贵古迹当作“陈迹”“包袱”扫荡的现象，给世人留下扼腕的叹惜与伤痛！庆幸这种苗头很快被国家适时实施的抢救与保护民族文化遗产工程和建设文化强国的浩荡东风迅速扑灭，并回归正确之途。当前，保护千年古县，弘扬千年古县所承载的中华优秀传统文化和精神，开发利用千年古县的各种历史文化资源服务于当代两个文明建设，在神州大地已蔚然成风！

历史的价值在于熔古铸今，文化的价值在于传承中发展与创新。中国民间文艺家协会将编纂出版《中国千年古县丛书》纳入中国民间文化遗产抢救工程，并在全国组织实施，意在通过专家学者们对一个个千年古县历史文化的科学梳理研究，追溯中国地名文化、探秘中国地域文化、解读中华传统文化，系统挖掘祖国各地的特色文化，记录中华传统文化的众多要素，展现民族文化的绚丽靓彩，彰显中华民族的光辉形象，让中华民族古老的文化、经验和智慧在服务中华民族伟大复兴和中国梦的同时，也能让世界各国人民分享，促进人类文化多元发展，促进和谐世界繁荣兴旺。如果用一句话来概括这项宏大文化工程的社会价值，那就是“寻找中华历史之根，探秘中华文明之源”的一项盛举！

在千年古县历史文化的保护与弘扬中，河北是很荣幸的。这种荣幸体现在两个方面：一是在联合国地名组织和国家民政部认定的全国800个千年古县中，河北省拥有84个；二是当中国民间文艺家协会在全国实施编纂出版《中国千年古县丛书》工程时，河北又被指定为率先启动省。根据编纂方案要求，我们将对河北省每个千年古县单独立卷，每卷从历史溯源、山川名胜、文化集萃、风俗大观、凝固艺术、趣闻逸事、人物风采、名优特产等八个方面来叙述，力求以质朴、简明、科学的文字，图文并茂的形式，从历史学、社会学、文化学、人类学、民俗学、建筑学、考古学等视角，客观、准确、简洁、鲜活、生动地记述千年古县的历史与现状，阐释每个千年古县独有的魅力与精彩，为学者研究和各级政府开发利用提供翔实的科学史料，为后世留下祖先完整的足印，知道我们从哪里来、该走向何方，如何讲唱着中国故事由富裕走向富强，由悠久实现辉煌！

编纂出版《中国千年古县丛书》是一项浩大的文化工程。就河北的84个卷本来说，投入的编纂人员已达200余人。完成书稿，不仅需要查阅大量史书方志碑文，还要进行大量田野调查，进行去伪存真、纠误补缺的鉴别与考证工作。凡此种种皆充满艰辛与探索。但为了构筑《中国千年古县丛书》这座文化大厦，每位编撰者都在默默奉献着自己的才智与年华。他们用激情与担当，书写着当代文化和编纂工作者的使命与职责之歌。借此机会，我由衷地向他们和知识产权出版社的编辑们表达崇高敬意！

由于《中国千年古县丛书》是前无古人成果可借鉴的项目，加之编者知识水平有限，书中难免有错漏不当之处，敬请各位方家和读者不吝赐教指正。

2018年2月6日

（作者系河北省民间文艺家协会主席）

中 国 千 年 古 县

河北内丘 | 目录

第三章 古迹名胜

第四章 文化集萃

第五章
节庆民俗

第六章
特产小吃

结 语

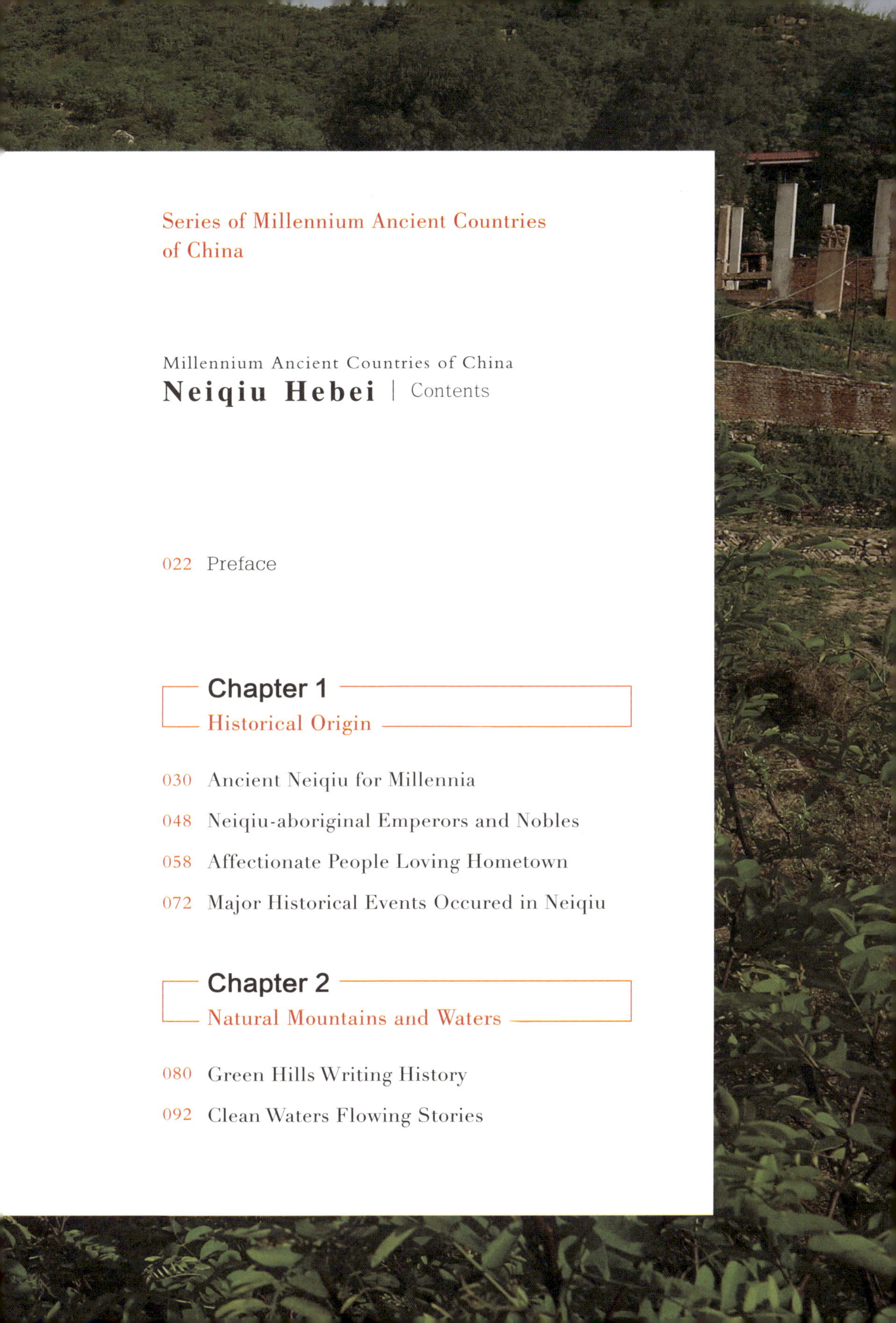

Series of Millennium Ancient Countries of China

Millennium Ancient Countries of China

Neiqiu Hebei | Contents

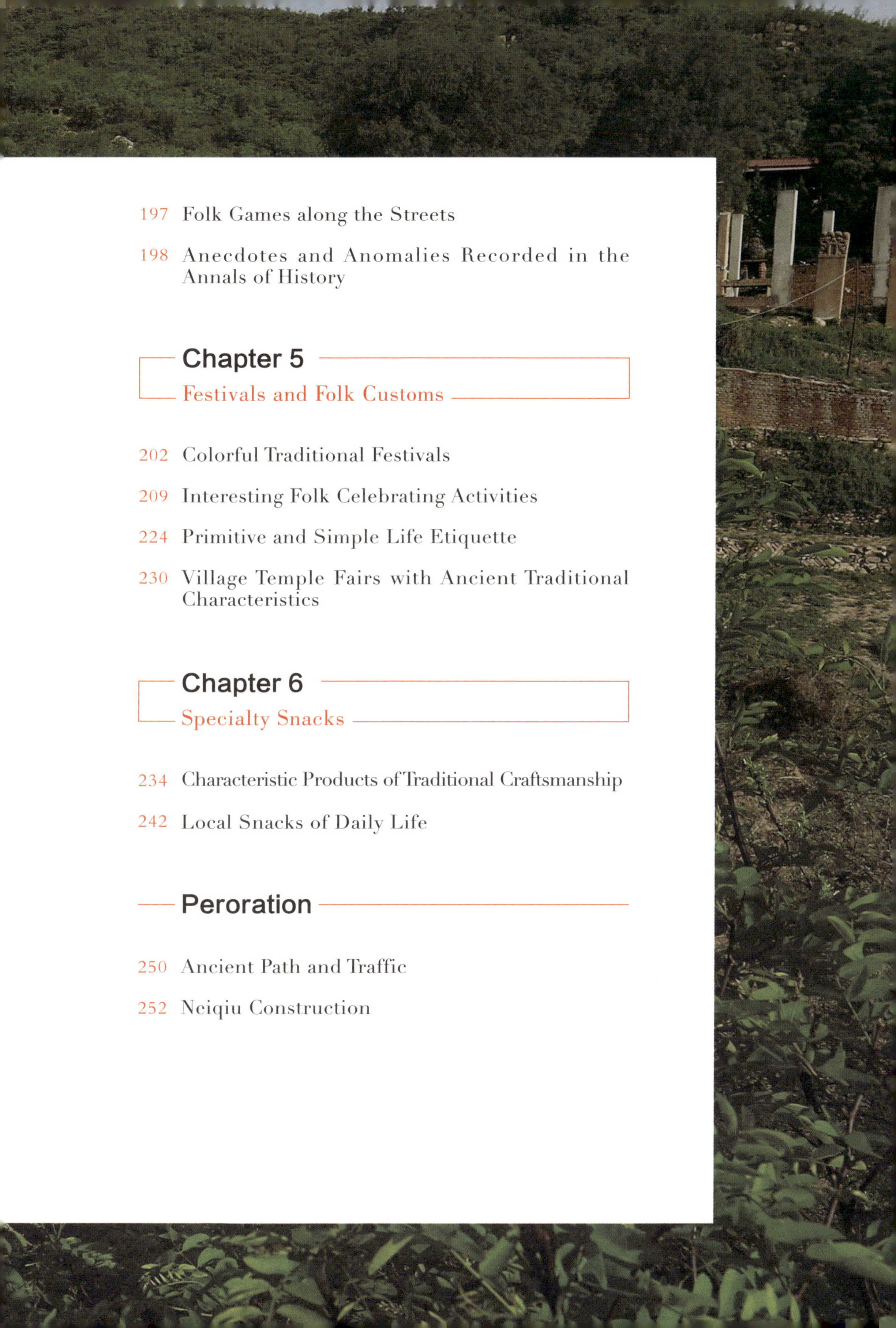

Chapter 5

Festivals and Folk Customs

Chapter 6

Specialty Snacks

Peroration

引 言

内丘县位于河北省西南部，太行山东麓，属邢台市管辖，地处北纬 37° 9′ 11″ ~37° 26′ 39″、东经 113° 56′ 43″ ~114° 38′ 16″之间。东与隆尧县、任县相连，南与邢台县接壤，西与山西省昔阳县交界，北与赞皇县、临城县毗邻。东西长 61 公里，南北宽 31.2 公里，总面积 787 平方公里，辖 5 镇 4 乡 309 个行政村。总人口 30 万，多为汉族，还有回族和朝鲜族居民。县人民政府驻内丘镇，北距首都北京 310 公里、河北省会石家庄 84.6 公里，南距邢台市 27 公里。

内丘历史悠久，源远流长。早在旧石器时代就有人类栖息繁

衍。夏代隶属冀州，商代隶属邢，周代先后隶属邢、卫、晋、赵四国及邢襄地。秦代前已有中丘地名，秦统一六国推行郡县制，属钜鹿郡信都县辖。汉初为中丘县。隋室讳“忠”，改为内丘县，一直沿用至今。

内丘文化灿烂，底蕴深厚。先民在历史发展进程中，通过生产劳动、日常生活，熔铸了智慧结晶，创造了辉煌灿烂的物质文明和多姿多彩的非物质文化，积累了极其丰富的文化宝藏。在这片古老的土地上有全国重点文物保护单位邢窑遗址、扁鹊庙，有享誉全国的邢窑文化、扁鹊文化。内丘县被命名为“中国邢窑文化之乡”“中国扁鹊文化之乡”，内丘邢窑遗址考古发掘项目入选“2012 年度全

↓内丘鹤度岭之秋

国十大考古新发现”，内丘扁鹊庙被确定为“全国中医药文化宣传教育基地”。

内丘钟灵毓秀，人杰地灵。在这片神奇的土地上成就了华夏中医鼻祖扁鹊，被列入二十四孝之郭巨，孕育了诸子百家之程子，贤臣冯唐，名相张宾、葛庸，贤士刘德渊，学问家林起宗、乔中和，武状元马尚德，爱国志士刘振邦等名垂青史的人物。

内丘地势西高东低，地貌分山地、丘陵、平原，约各占三分之一的面积。西部山地重峦叠嶂，风景秀丽，平均海拔 1000 米，最高海拔 1806.3 米；中部丘陵崎岖绵延，物产丰富，平均海拔 400 米；东部平原广袤

↓ 全国农业旅游示范点、国家 AAA 级旅游景区——内丘百果庄园之春

平坦，土地肥沃，最低海拔 45 米。境域地处北半球北温带，属大陆性季风气候，四季分明，适合大多数农作物生长。境域河流总长 102.5 公里，国家“南水北调”中线工程自南向北穿境而过。境内植物达 1200 多种，动物有 300 余种，有用矿产资源 30 多种。县域旅游资源丰富，自然与人文景观交相辉映，有国家级湿地公园鹊山湖，国家 AAAA 级旅游景区扁鹊庙，全国农业旅游示范点百果庄园、富岗生态园，有鹊山、寒山、鹤度岭等名胜风景区。

内丘城乡建设发展迅速，特别是中共十一届三中全会后，人们物质生活水平不断提高，水、电、气、

↓ 中国传统村落——神头村之冬

交通、通讯、民居、文化、教育、卫生等基础设施建设日新月异。铁路、公路纵横县境东西南北，交通四通八达；公路“村村通”工程实现了309个村全覆盖；天然气年供气量达1.5亿立方米；“南水北调”年分配水量达1125万立方米。县城区面积达9平方公里，为邢台市北部卫星城。

内丘县是传统农业县。全县耕地面积45.5万亩，种植小麦、玉米、谷子、杂豆及薯类等农作物。

↓ 国家级湿地公园——内丘鹊山湖之夏

林业用地 61.5 万亩，森林覆盖率达 42.5%。工业主要有精细化工、装备制造、新能源新材料等。随着经济发展，内丘县文化旅游业、商贸物流业发展势头强劲。2017 年，全县国民生产总值 79 亿元，全部财政收入完成 8.36 亿元，城镇居民人均可支配收入达到 24950 元，农村居民人均可支配收入达到 10980 元，综合实力稳居邢台市前列。曾先后荣获“全国生态文明先进县”“全国绿化模范县”“全国科技进步先进县”等荣誉称号。

中国民间文化遗产抢救工程
THE PROJECT TO CHINESE FOLK CULTURAL HERITAGES

内丘历史悠久，源远流长，是一块古老神奇的土地。在历史的进程中，勤劳勇敢的先民们创造了辉煌灿烂的物质文明和精神文明，这是千百年来内丘人民的智慧结晶，是祖先留给子孙后代的宝贵财富。因此，了解内丘，必须首先了解内丘的历史。

↓ 内丘人民英雄纪念碑

第一章

历史渊源

从千年走来的“老”内丘

内丘古邑，四易县名，一次设郡，一次封国，两度迁城，在历史上曾称中丘县（郡）、直聚县、赵安县、内丘（邱）县（国）。

地名沿革

内丘名称、隶属更迭频繁。今县境，夏为冀州地，商为邢地，周先后为邢、卫、晋、赵四国及邢襄地，秦代前已有中丘地名，秦代时属钜鹿郡信都县辖，汉初为中丘县，至隋改为内丘县属邢州地。“内丘”之名世代传承，沿用至今，已长达1430多年。

东汉《汉书·地理志·卷二十八》记载：“常山郡，高帝置。莽曰井关。属冀州。户十四万一千七百四十一，口六十七万七千九百五十六。县十八：元氏，……中丘，逢山长谷，渚水所出，东至张邑入偶。莽曰直聚。”宋《太平寰宇记·卷五十九》记载：“内丘县……李公绪《赵纪》云：‘古邢国地。在汉为中丘县，属常山郡。’《十三州志》云：‘《山海经》谓西北有蓬山，丘在其间，故曰：中丘。’”《山海经》是中国先秦一部富于神话传说的最古老地理志典籍，也是现今可查“中丘”之名最早的史料记载。《汉书》，又称《前汉书》，由中国东汉时期的历史学家班固编撰，是中国第一部纪传体断代史，“二十四史”之一，也是明确记载中丘为高帝置常山郡“县十八”中一“县”的最早史料之一。《赵纪》是北齐时期博通经史的栢仁县（今隆尧县域）人李公绪所著的历史书籍，也是记载中丘在汉为“县”

的较早史志。

隋代，中丘县改内丘县，历代《顺德府志》和《内丘县志》均有记载。唐《元和郡县图志》记载："隋室讳'忠'，改为内丘。"隋开皇元年（581），隋文帝杨坚为避父杨忠名讳，改"中丘"为"内丘"（因"中"与"内"二字义通）。自此开始沿用"内丘"之名。

清代，"内丘"改为"内邱"。清乾隆十五年（1750）《顺德府志》记载："清时，于雍正年间因避孔子名讳，内丘县之'丘'改为'邱'，属直隶省顺德府。"清雍正三年（1725），因尊孔避讳孔丘之名，雍正帝诏令"丘"加"邑"（后简化为右耳旁"阝"）为"邱"。雍正四年（1726），改"内丘县"为"内邱县"。

1949年，"内邱"改为"内丘"，沿用至今。据《河北省行政区划变更大典（1949—2005）》记载，1949年8月1日，华北人民政府发布通令《为重新调整行政区由》（民政字第150号），河北省人民政府正式成立，并在当日《河北日报》上公布《河北省区划介绍》："邢台专区（驻邢台）辖十五县、一镇，计有：邢台、沙河、内丘、临城、柏乡、宁晋、隆尧、任县、南和、新河、巨鹿、南宫、广宗、平乡、威县。"1958年，隆尧、柏乡、临城三县撤销并入内丘县；1961—1962年，先后恢复隆尧、柏乡、临城三县建制，内丘县也复原制。后"内丘""内邱"县名混用。2009年，根据《内丘县人民政府关于规范使用县名用字的通知》（政字［2009］14号）要求，规范使用县名用字，以民政部批准的地名为准，统一使用标准县名"内丘县"。

建置沿革

内丘历史底蕴深厚，至少在万年之前，就有人类栖息繁衍。1984年全国文物普查时，曾在柳林镇李交台村西南发现旧石器时代的细石器、鹿骨化石、鸵鸟蛋化石等文物。夏代前地方史料与文献无明确记载，此后因地方史料短缺，故内丘县建置沿革以可查到的最早史料记载为依据。今内丘县域，随着朝代更替，建置区划随之演变。

↑ 李交台村旧石器时期遗址

夏（约前2100）为冀州地。明崇祯十五年（1642）和清康熙七年（1668）《内丘县志》记载："《禹贡》环河为冀。"（《禹贡》是我国现存最早史书《尚书》中的一篇，是我国最早系统性的综合地理著作，为孔圣人编定，称古今地理志之祖，记述了大禹划分冀、兖、青、徐、杨、荆、豫、梁、雍九州的传说。）今县域为冀州之域。

商为邢地。明崇祯《内丘县志》记载："商祖乙自耿迁邢。"西汉《史记·殷本纪》记载："祖乙迁于邢。"商祖乙九年（约前1438），祖乙自耿（今河南省温县东）迁都于邢（今河北省邢台市），史称邢地，辖今县域。

西周为邢国地。明崇祯《内丘县志》记载："周以封公旦第四子为邢侯。"周武王姬发兴兵伐纣灭商，建立西周。西周初年（约前1066)，周成王姬诵（武王之子）为报周公（武王之弟）辅佐之恩，封周公第四子姬苴于邢地（今河北省邢台市），建立邢国，爵位为侯，故称邢侯。疆域大致西到太行山，北至今元氏一带，东至今聊城一带，南至今邯郸一带。今县域属邢国地。

春秋战国先后为卫、晋、赵及邢襄之地。明崇祯《内丘县志》记载:“后诸侯兼并，卫灭邢，晋文公伐卫，取邢，遂属晋。及韩、魏、赵灭智伯，分晋地，乃属赵。赵襄子徙邢，是为邢襄。”春秋时期各诸侯之间不断进行兼并战争，周襄王姬郑十七年（前635），卫灭邢，今县域又属卫国疆土。周襄王姬郑二十八年（前624），晋文公伐卫，取邢，邢地属晋，今县域遂为晋国地。周元王姬仁元年（前475），晋定公封赵襄子以邢为“采邑”，邢始称襄国。周贞定王姬介十六年（前453），由于晋国“六卿争权”内部大乱，韩、魏、赵三家联合灭智伯，三分晋地，今县域归属赵国。周威烈王姬午二十三年（前403），晋亡，赵襄子毋恤自晋阳（今山西太原）迁都于邢，是为邢襄，今县域遂为邢襄地。

秦代前已有中丘地名，属邯郸郡。秦代属钜鹿郡信都县辖。西汉《史记·秦始皇本纪》记载：“十八年，大兴兵攻赵……羌瘣伐赵，端和围邯郸城。十九年，王翦、羌瘣尽定取赵地东阳，得赵王。”唐《元和郡县图志·卷十五》记载：“邯郸县……秦遂灭赵以为邯郸郡。”宋仁宗赵祯天圣四年（1026）五月三日《大宋邢州内丘县新建立至圣文宣王庙记》碑记载：“内丘县古邢地也，六国时属赵。后，秦属邯郸为中丘。”秦王嬴政十九年（前228），秦灭赵，在战国七雄之一赵国的都城邯郸，设邯郸郡，中丘即今县域，属邯郸郡辖。明崇祯《内丘县志》记载：“秦吞六国，郡县天下，置信都县属钜鹿郡。”秦王嬴政二十六年（前221），秦始皇统一六国建立秦朝，在全国推行郡县制，今县域属邯郸郡辖；后改属钜鹿郡信都县辖。

西汉初，为中丘县，属常山郡，曾改直聚县。明清《内丘县志》均记载：“汉初为中丘县。”明成化二十三年（1487）《顺德府志》记载：“本汉常山郡之中丘县。”唐《元和郡县图志·卷十五》记载：“内丘县，古邢国地，在汉为中丘县，属常山郡。”西汉初年，中丘为县属冀州恒山郡（西汉前少帝刘恭元年即高后元年封国，八年复改为郡）。西汉文帝刘恒前元元年（前179），为避文帝“恒”名讳，改恒山郡为常山郡（由恒山国改称。西汉文帝元年，常山郡改常山国，景帝刘启中元五年封为国，武帝刘彻元鼎三年复为郡），中丘县属之。新朝王莽始建国元年（9），中丘县称直聚县；更始帝刘玄更始元年（23），复称中丘县。《汉书·地理志·卷二十八》记载：“中丘，……莽曰直聚。”

东汉时，中丘县属冀州赵郡（东汉光武帝刘秀建武五年封国，东汉献帝刘协建安十八年改郡）。

三国魏时，中丘县属冀州赵国（初为郡，北魏烈祖明帝曹睿太和六年封国），后属广平郡（魏文帝曹丕黄初二年，以魏郡西部都尉为广平郡）。

西晋时，中丘县仍属冀州赵国，升为中丘郡。晋武帝司马炎太康六年（285），为了巩固统治，在全国增设郡县，重封赵国，并把中丘县升为中丘郡。明清《内丘县志》、清乾隆《顺德府志》均载：“汉初为中丘县，魏属广平郡，晋升为中丘郡。”

东晋十六国、北魏、北齐、北周时，中丘郡内建赵安县，入栢仁县，属殷州南赵郡、赵州钜鹿郡。明清《内丘县志》记载："石虎改为赵安县。后魏省，入栢仁县，栢仁即今唐山也，寻复为中丘县。"唐《元和郡县图志》记载："晋于此立中丘郡，石虎改为赵安县。"民国《河北通志稿》记载："附注：石赵改名赵安县，属中丘郡（领一县）""北魏（齐、周附），中丘县，太和二十一年复置，隶属南赵郡，（齐）钜鹿郡。"晋成帝司马衍咸康元年（335），石虎做了后赵国皇帝，定都襄国（今邢台），改置为襄国郡，辖中丘。又令在中丘郡建赵安县，属中丘郡。因"五胡之乱"，郡县均废，北魏太武帝拓跋焘太延二年（436），中丘郡、赵安县省，入栢仁县（今隆尧域）。北魏孝文帝拓跋宏太和二十一年（497），在旧城东十里（今内丘镇西关）复置中丘县，属殷州南赵郡。534年，北魏分裂为东魏、西魏。东魏武定八年（550），高洋废孝静帝，代东魏自立，国号齐，史称"北齐"，时属北齐赵州（北齐天保二年，因避太子殷之名讳，改殷州为赵州）钜鹿郡。577年，北周灭北齐，统一中国北方，时属北周赵州钜鹿郡。

隋代时，中丘县更名内丘县，先后属赵州、邢州、栾州、襄国郡，曾置青山县。明崇祯《内丘县志》记载："隋文帝避父讳，改为内丘县，属赵州。炀帝二年改邢州为襄国，寻复为邢州。"宋《太平寰宇记》记载："废青山县。在州北五十里。本中丘县地，属常山郡。隋开皇十八年于此置青山县，属邢州，以县界青山为名；大业二年省县，为龙腾府。"隋开皇元年（581），因避隋文帝杨坚之父杨忠之名讳，改"中丘县"为"内丘县"，仍属赵州钜鹿郡。开皇三年（583），罢郡，隶赵州；开皇十六年（596），改隶栾州。开皇十八年（598），析龙冈、内丘部分境域置青山县，属邢州。隋炀帝杨广大业二年（606），废青山县为龙腾府，仍属邢州；同时内丘县改隶于邢州。次年，罢邢州更名为襄国郡，内丘县属之。

唐代时，内丘县先后属邢州、赵州、钜鹿郡。明清《内丘县志》均记载："唐高祖武德元年改邢州为钜鹿郡，属河北道。"宋《太平寰宇记》记载："废青山县。……唐武德元年析龙冈、内丘两县重置，属邢州；贞观八年徙于今所；至文宗开成四年，泽路节度使刘从谏奏废之。"《新唐书·地理志》载："武德元年析龙冈、内丘置青山县，开成五年省，入焉。"唐高祖李渊武德元年（618），析龙冈县、内丘县部分区域复置青山县，于内丘县同属邢州。武德四年（621），内丘县改隶赵州；武德五年（622），复属邢州。自唐太宗李世民贞观元年（627）起，邢州隶属河北道。唐玄宗李隆基天宝元年（742），罢邢州为钜鹿郡。唐肃宗李亨至德二年（757），罢郡复为邢州。唐文宗李昂开成四年（839），泽路节度使刘从谏奏废青山县，开成五年（840），废之，并入内丘、龙冈二县。

五代时（907—960），内丘县仍隶属邢州。

宋代时，内丘县属河北西路信德府。明清《内丘县志》记载："宋升邢州为信德府。"清乾隆《顺德府志》记载："宋宣和四年改信德府。"宋神宗赵顼熙宁六年（1073），尧山县（今隆尧域）废，入内丘。宋哲宗赵煦元祐元年（1086），尧山析出，复置尧山县。宋徽宗赵佶宣和四年（1122），升邢州为信德府，辖内丘。

入金后，内丘县改属河北西路邢州。明清《内丘县志》均记载："金改邢州为安国军。"《金史·地理志》记载："邢州，上，安国军节度。天会七年降为邢州，仍置安国军节度。领录事司一；县八。”金初为信德府，金太宗完颜晟天会七年（1129）降府为邢州，置安国军节度，辖内丘。

元代时，内丘县属顺德府、顺德路。明清《内丘县志》均记载：“元至元二年改为顺德路。”元世祖忽必烈中统三年（1262），升邢州为顺德府。元世祖忽必烈至元二年（1265），顺德府升为顺德路。同年，唐山县（今隆尧域）废，入内丘，不久即复析。

明代，内丘县先后属顺德府、直隶京师，曾封内丘国。明清《内丘县志》均记载：“明太祖洪武元年改为顺德府，属北平布政司，永乐改直隶京师。内丘属焉。”明洪武元年（1368），改为顺德府，属北平布政司。明成祖朱棣永乐元年（1403），改直隶京师，内丘隶属其辖。清乾隆《顺德府志》记载，明代顺德府所辖内丘等九县中，内丘、广宗、唐山等设郡王，“内丘郡王幼璜，沈潘康王佶焞嫡六子，景泰四年封，正德十二年薨。谥恭僖子诠鉌嗣袭封八世”。明洪武二年（1369），朱元璋采取“众建宗亲以藩王室”的政策巩固朱姓一统天下，定封建诸王之制。明代宗朱祁钰景泰四年（1453），内丘始封“内丘国”。明隆武元年（1645）废，时限192年。《明史·卷一百二·诸王列表》载：“内丘国传八世八王。”一世“恭僖王幼璜，康嫡六子，景泰四年封。正德十二年薨”；二世“诠鉌，恭僖嫡一子，成化八年封长子。正德七年卒。以子勋漴袭封。追封王，谥悼顺”；三世“端靖王勋漴，悼顺庶一子，嘉靖元年袭封，二十二年薨”；四世“允柲，端靖庶一子，正德六年封长子。嘉靖二十五年颁册，未受命卒。以子恬熙袭封，追”；五世“庄懿王恬熙，安裕嫡一子，嘉靖三十年袭封。万历十一年薨”；六世“王，珵壎，庄懿庶一子，万历十五年袭封，薨”；七世“王，效锂，珵壈庶一子，万历十八年封长子，既而袭封”；八世“王，迥灞，效锂嫡一子，万历四十三年封长孙”。

清代，内丘县属直隶省顺德府。清乾隆《顺德府志》记载内丘县之“丘”字改为“邱”，属直隶省顺德府。

中华民国二年（1913），内邱县属直隶省冀南道。民国三年（1914）冀南道改为大名道，遂属之。民国十七年（1928）废道，直隶于河北省。民国二十五年（1936）初，划属河北省尧山区。民国二十六年（1937）属河北省十三督察区。民国《河北通志稿》均有记载。

抗日战争爆发后，1939 年太行区抗日根据地创立，辖内邱县。1941 年 9 月，晋冀鲁豫边区政府成立，辖太行区，内邱县为其一专区。1945 年抗日战争胜利后，内邱县仍属晋冀鲁豫边区太行区一专区。1948 年 9 月，撤销晋冀鲁豫和晋察冀两边区，成立华北行政区，内邱县随太行一专区归属。

1949 年 8 月 1 日，河北省人民政府成立，改内邱为内丘，内丘县即划归河北省邢台专区。

中华人民共和国成立后，内丘县仍隶属邢台专区。1958 年 4 月撤销邢台专区，内丘划属邯郸专区；12 月，先后撤销隆尧、柏乡和临城三县并入内丘县，俗称“合大县”。1960 年 5 月又撤销邯郸专区，内丘县归邯郸市管辖。1961 年 5 月，复设邢台专区，内丘县仍属之。1961 年和 1962 年先后恢复隆尧、柏乡、临城三县建制，内丘县亦复原制。1967 年邢台专区更名为邢台地区，仍辖内丘县。1993 年 7 月，邢台地区与邢台市合并为邢台市，仍辖内丘县。

行政区划沿革

西汉时，中丘域属冀州常山郡；今内丘域的官庄镇和金店镇东南半部及大孟村镇东南半部属冀州赵国。民国《河北通志稿》“河北省沿革图稿前汉（四）图”和“河北省沿革图稿前汉（六）图”分别显示记载。

东晋十六国、北魏时，中丘县升为郡，又在郡内建赵安县，属中丘郡（领赵安县）。北魏太武帝拓跋焘太延二年（436），中丘郡、赵安县废，入栢仁县（今隆尧域）。北魏孝文帝元（拓跋）宏太和二十一年（497），复置中丘县。

隋、唐时，分置青山县。唐《元和郡县图志》、宋《太平寰宇记》均记载，隋开皇十八年（598），析内丘、龙冈置青山县（故城在今县城西南与邢台县交界处的东、西青山村）；杨广大业二年（606），县又废。唐高祖李渊武德元年（618），析龙冈县东北境、内丘一部分复置青山县；唐开成五年（840），又废青山县，并入内丘、龙冈二县。

宋代，内丘县设有三乡。清《畿辅通志》记载，宋太宗赵匡义太平兴国年间（976—978），内丘县设有三乡。宋神宗赵顼熙宁六年（1073），尧山县并入内丘，设五乡一镇（尧山镇）。宋哲宗赵煦元祐元年（1086），尧山析出复置，内丘仍隶三乡。明崇祯《内丘县志》记载：“旧志邑有三乡，其村落山川俱各有属焉，曰长春乡，曰左相乡，曰太师乡，……”三乡共辖131个村。

元代，元世祖忽必烈至元二年（1265），唐山县（今隆尧域）废，入内丘，不久即复析。

明代，明太祖朱元璋洪武年间，内丘县编户19社，有城关、

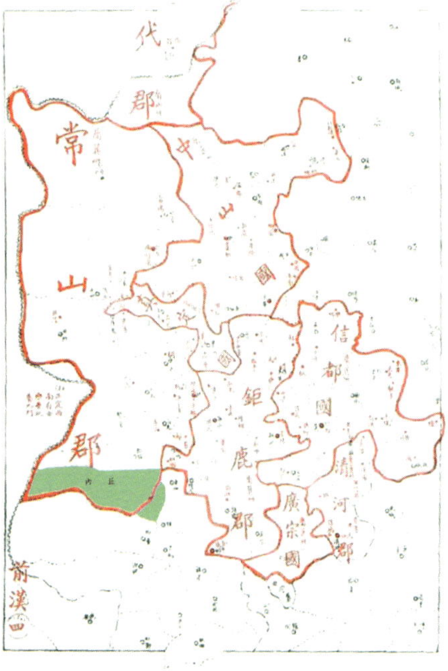

↑ 民国《河北通志稿》所载“河北省沿革图稿前汉（四）图”

黄釜、李田、石河、高望、孟村、梁村、新庄、新安、大原、冯唐、杨寨、温居、李阳、永宁、官庄、梁原、常乐、中平。嘉靖年间（1522—1566），知县李梗裁并了大原、常乐二社。

清代，县邑所辖之乡承袭明制，清康熙《内丘县志》也记有三乡，但三乡所辖村庄有异，共计 144 个村庄，比明志所载的 131 个村庄多 13 个。清雍正四年“内丘”改“内邱”。清乾隆《顺德府志》记载，内邱县辖 107 村、29 庄、7 屯、4

↓ 清乾隆十五年《顺德府志》所载“内邱县舆地图”

寨，共计147个村庄，比康熙七年县志所载村庄又多出3个。清道光十二年（1832）《内邱县志》也载有三乡所辖村庄有变化，少了3个村。至清光绪十二年（1886），关于里社的记载没有变化。光绪三十年（1904），改里社为路州。清光绪三十二年（1906）《内邱县乡土志》记载，内邱“县分八个区，中区在城西关、东区在金店、南区在官庄、北区在史村、西北区在诣仁、西南区在吴村、正西区在柳林镇、再西区在獐貘村”。光绪三十三年（1907）内邱县地图显示，当时内邱县辖今邢台县境内的上凌霄山、于家沟、翟沟，今临城县境内的冷水村和隆尧县境内的东尹村、西尹村。

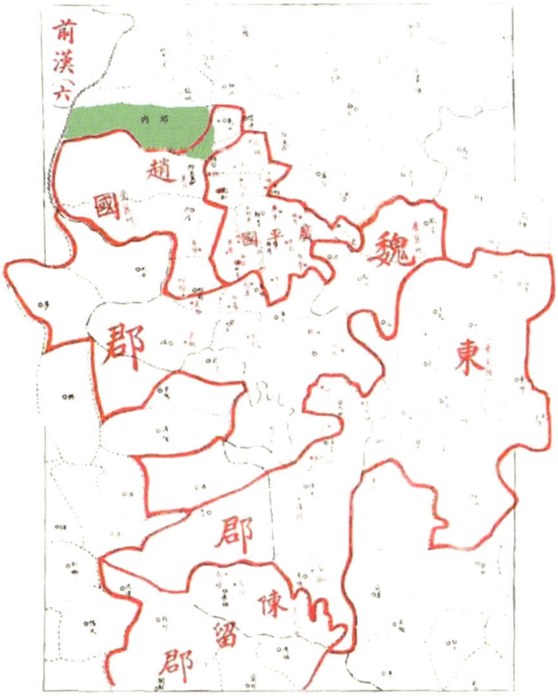

↑ 民国《河北通志稿》所载“河北省沿革图稿前汉（六）图”

民国初年，区下设乡镇，乡镇下编闾邻。民国十九年（1930）以前，内邱县划分为城关、金提店、北障镇、大孟村、柳林五个区；民国二十年（1931），内邱县划分为城关、金提店、北障镇、柳林四个区。民国《河北通志稿》记载，民国二十三年（1934）3月，由于各县设区太多，经费过大，将各县所设的区实行裁并，并区后，内邱县设有3个区，141个乡。民国二十四年（1935），各县自治区区公所一律裁撤，由县政府直接管理各乡。民国二十五年（1936），实行整理插花区域，将翟沟、于家沟两村划归邢台县。民国二十六年（1937）10月12日，日本侵略军飞机轰炸内邱，国民党政府官员及保安队于当夜弃城而逃。10月14日，县城沦陷，其行政区划至此亦废。

抗日战争时期，县域抗日斗争形势不断发生变化，故行政区划调整频繁。从1937年11月开始，冀西民训处在西部山区先后建立了三个抗日区政府，即孙家坡区政府、獐貘区政府和白塔区（后改称白鹿角区）政府。1938年4月，又在丘陵平原地区建立了两个区，即东北区和东南区两个抗日区政府。原獐貘区政府改为办事处。1939年年初，四个区除按地名称谓外，又称白鹿角区为一区，孙家坡区为二区，东北区为三区，东南区为四区（獐貘办事处没变）。10月，又将白鹿角区分为两个区，九寨会以西为一区，九寨会以东至岭头以西为二区，獐貘川、白芷川为三区，孙家坡区（以石流河川及柳林以南往西至宁家庄以北地域）为四区，赛里川、王家庄、王交台及马河以北为五区，东北区为六区，东南区为七区。1942年4月，实行精兵简政，将一、二区并为一区，三区改为二区，四区、五区并为三区，六、七区不变，缺四、五区。1944年秋，又以大杨庄为中心成立新四区。

日本侵略军沿铁路修筑了封锁线，把内邱断成路东和路西两块。1938年8月，冀南行政主任公署在南宫成立后，内邱县路东地域为冀南行政主任公署尧山县所辖。1939年秋，中共尧山县委在此建尧山边区。1942年改为尧山四区，又称内东区。

解放战争时期，1945年9月增建为5个区，一区、二区名称和辖区没有变；三区称神头区，辖和庄、赛里川、柳林川及杨庄一带村庄；四区为冯唐区，辖原七区所属村庄；五区又称城关区，辖原六区所属村庄。1946 年 7 月设 4 个区，即一区又称城关区，二区又称冯唐区，三区又称柳林区，四区又称白塔区。1947 年 4 月，内东区归属内邱，内邱区划遂做重新调整，又增设了五区（原内东区北片）、六区（原内东区南片）。同年，冷水村从内邱析出，归临城县；东尹村、西尹村及冯村火车站划归尧山县。1948 年夏，南寺沟村（18 户农民）划归邢台县。

中华人民共和国成立后，区划变更频繁。《河北省行政区划变更大典（1949—2005）》记载，1950 年 6 月，将原 6 个区并为 3 个区，即原一、五区并为一区，驻城关；二、六区并为二区，驻官庄；三、四区并为三区，驻柳林。1952 年 10 月，又将三区分为三、四区，三区仍驻柳林，四区驻白塔。1953 年 6 月，据河北省人民政府“划乡建政”的精神，内丘县在 4 个区下划设 53 个乡。1956 年 9 月，据河北省人民委员会“并乡撤区”的精神，内丘县撤销 4 个区，将原 53 个乡合并为 26 个乡（镇）；1958 年 3 月，又合并为 25 个乡（镇）。8 月，响应毛主席“人民公社好”号召，实现人民公社化，内丘县将原 25 个乡（镇）合并为卫星、东风、红旗、灯塔 4 个政社合一的人民公社。12 月，根据国务院“行政区划变更”决定，撤销隆尧、柏乡、临城 3 个县，并入内丘县，设 16 个人民公社。1961 年 5 月，恢复隆尧县，以原隆尧、柏乡 2 个县区域为县域从内丘县分出。6 月，根据省“公社划小”精神，内丘县（含原临城县）8 个公社划分为 29 个人民公社，其中原内丘县境内设城关、永安、金店、北辛庄（1961 年 8 月改为河渠）、官庄、冯村、北岭、五郭、杨庄、柳林、和庄、南赛、獐獏、侯家庄、白鹿角15个人民公社。1962年3月，恢复临城县，原临城县从内丘县分出，内丘境内的15个人民公社未变。1982年4月，根据国务院有关地名命名、更名规定，河渠人民公社更名为河巨人民公社，杨庄人民公社更名为小杨庄人民公社，獐犸人民公社更名为獐獏人民公社。1984年4月，根据国务院“一社建一乡”精神，原15个人民公社改建为15个乡。1984年6月，撤销城关乡设立城关镇。1985年7月，撤销冯村乡设立大孟村镇，撤销金店乡设立金店镇。1987年12月，城关镇更名为内丘镇。1996年1月，“扩镇并乡”将原有的15个乡（镇）合并为9个乡（镇），即撤销永安乡并入内丘镇，撤销河巨乡并入金店镇，撤销北岭乡并入五郭店乡，撤销小杨庄乡并入柳林乡，撤销和庄乡并入南赛乡，撤销白鹿角乡并入侯家庄乡，大孟村镇、官庄乡、獐獏乡不变。2004年12月，撤销官庄乡设立官庄镇。2005年11月，撤销柳林乡设立柳林镇。2016年年底，全县共设置5镇4乡309个行政村。

治所沿革

古城，是一个地方的文化符号。内丘古邑，历史悠久，汉初为县，从中丘，称直聚，升中丘郡，到赵安，省入栢仁，后又复置中丘县，隋更名内丘，县城两度迁址。

西汉至晋时县城 据清乾隆《顺德府志》记载：“中丘故城，在城西，汉置县，晋立中丘郡，石赵改置赵安县，魏复置，隋废。《汉书》注‘中丘县属赵国’。故城在今邢州内邱县西。又，中丘有伯阳城。”《内丘县志》记载，西汉初为中丘县，县城址在今城西十里处西丘村东北。也是新朝皇帝王莽称直聚县、晋升中丘郡、又建赵安县的城址，其遗址为内丘县文物保护单位。

北魏时县城 北魏太和十九年（495），东迁十里（今内丘镇西关）建筑县城。北魏《十六国春秋》记载：“魏太和十九年于旧城东十里复置中丘县。”

唐代至今县城 唐太和九年（835），因李阳河侵至城西北隅，故以城之东垣做西垣，东迁一城之地。明崇祯《内丘县志》记载：“唐文宗太和九年，河龁城西北隅，乃东迁焉，今城之西垣即旧城之东垣也，北城古迹犹存。”明正德六年（1511），知县王瑁

↓ 汉置中丘城遗址

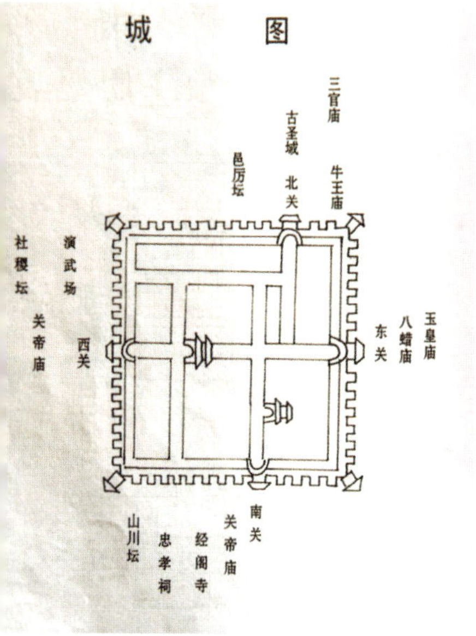

↑ 清康熙七年《内丘县志》所载“城图”

↑ 1945年9月16日内邱城解放初期城门景象

重修。城周围四里三十步（约2050米），增筑副城围七里（约3500米）。明嘉靖二十二年（1543），知县杜璁又重修城垣，高三丈，基宽二丈，顶宽八尺，设垛口1170个，弩台16个，门楼4个。明崇祯八年（1635），因农民起义军进逼内丘，知县王世泰以守垛人少而将垛口并为620个。明崇祯十年（1637），知县张文炳又将皋门增三层，命东为迎旭门，西曰固城门，南称威远门，北谓清啸门。此后，历经多次修葺。1946年10月，城垣拆除，唯留东垣。1956年，东垣也予以拆除。其遗址为内丘县文物保护单位。1958年，撤销临城、隆尧、柏乡三县，并入内丘县，治所设在内丘城关（今内丘镇）。1962年，四县又先后恢复原建制。1978年后，县城建设区域逐年扩大，2017年年底，城区面积由1平方公里扩大至9平方公里，分中丘、朝阳、邢瓷（中兴）、平安、西环南北五街，北环、解放、胜利、扁鹊大道（振兴）、康庄东西五路，即“五纵五横”10条主要街道。

隋唐青山县城 宋《太平寰宇记·卷五十九》载：“隋《区宇图志》云‘避周太祖讳，因改黑山为青山也’。”即北周时，因避太祖宇文泰别名黑獭之讳，故改黑山为青山。同时还记载，隋时置青山县（治所在今县城西南与邢台县交界处的东、西青山村），大业二年（606）废县为龙腾府。唐时重置县，贞观八年（634）青山县治所迁址（今内丘县东青山村），开成五年（840）青山县又废。明万历二十三年（1595）《创建青山村东岳庙神路记》碑载：“邑西南二十五里许有青山村，考志载古建为青山县，今则为村。”据康熙三十四年（1695）《重修府君殿广生圣母庙记》碑载：“乡名青山者，古黑山城也。”

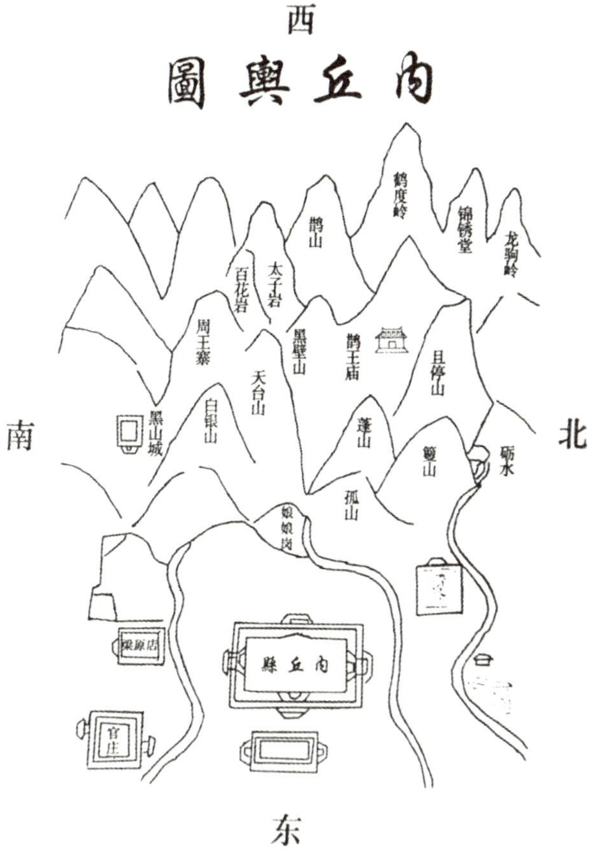

↑ 清康熙七年《内丘县志》载“内丘舆图”

清乾隆《顺德府志》记载：“青山故城又名黑山城，在青山村。县志云：汉灵帝时，黄巾贼张牛角死，命众奉褚飞燕为帅，部众浸广几百万，遂城黑山。《畿辅通志》云：隋开皇年，析龙冈置青山县，大业初省。青山村即青山故城也。”清康熙年间其城尚存，清康熙《内丘县志》之“内丘舆图”尚绘有黑山城（青山城）轮廓，城图只绘有东门。青山城遗址为内丘县文物保护单位。

帝王将相与内丘

内丘地处燕赵腹地，交通便利。自古以来，是兵家必争之地，历代帝王大臣、名人贤士慕名而来，寻访探幽，不仅留下大量古诗名篇、碑刻史料，还留下许多与内丘难以分割的渊源。

春秋晋国卿大夫赵简子赐扁鹊田四万亩于蓬山

赵简子（？—前475），嬴姓，赵氏，原名鞅，后名志父，谥号简。时人尊称其赵孟，史书中多称之赵简子，亦称赵简主，其全称名讳当为赵鞅、赵志父（先秦时期男子称氏不称姓，故没有嬴鞅一说），春秋后期晋国卿大夫，六卿之一，至晋定公时执政晋国十七年之久。战国时期赵国基业的开创者，郡县制社会改革的积极推动者，先秦法家思想的实践者，与其子赵无恤（即赵襄子）并称“简襄之烈”。

春秋战国时期，名医扁鹊行医至蓬山（今内丘鹊山）一带，在此采药、研究医术并长期居住，设医馆授徒弟，游医列国。据《史记》载，在晋国医治好大夫赵简子五日不醒之症，“简子赐扁鹊田四万亩”。赐田在蓬山，从此蓬山一带成为扁鹊食邑之地。元、明、清等历代碑刻均有记载。元至元五年（1268）《国朝重修鹊山神应王庙碑》记载：“过赵，自称扁鹊，适简子病，五日不知人，告以秦穆公事，简子病愈。即中丘之蓬山赐地四万亩，时往来居之。”明万历十三年（1585）《重修鹊山神应王庙记》碑亦记载：“往来列国诸侯咸资馆，縠遇赵简子，赐以蓬山田

↑ 明万历十三年《重修鹳山神应王庙记》碑

四万亩，更其山曰：蓬鹊。”清光绪二十二年（1896）《重修鹊王庙碑》又记载：“游于邢襄，隐于蓬山，故赵简子即中丘之蓬山，赐田四万亩。”

秦始皇过内丘北巡碣石

秦始皇（前259—前210），嬴姓，赵氏，名政，秦庄襄王之子。公元前247年继承秦王位，秦王政二十六年（前221）灭六国后，称皇帝，在位三十七年。在中央创建皇帝制度，实行三公九卿，管理国家大事。地方上废除分封制，代以郡县制。统一法令、统一货币、统一度量衡，修筑驰道、长城、灵渠，书同文，车同轨。建立了首个多民族的、统一的中央集权国家，对中国和世界历史产生深远影响。

2006年《内丘县志》载：“始皇三十二年（前215），秦始皇自咸阳经邯郸、信都（今邢台市）及恒山北巡碣石（今河北昌黎县），途经县域。”

东汉光武帝刘秀避难内丘

汉世祖光武皇帝刘秀（前6—57），字文叔，南阳郡蔡阳县人，东汉开国皇帝。

2006年《内丘县志》记载：“马涧。据传，东汉时期该村南河涧溪水常年不断，刘秀率领人马路过此地，曾歇息饮马，故村名马涧。”又载：“光武帝建武元年（25），刘秀自邯郸沿驰道经襄国、中丘北巡广阳（今北京），行至鄗南十五里铺（今柏乡固城店），发诏于天下，设坛称帝，建立东汉王朝。”

王莽追杀刘秀的传说，在河北广为流传。内丘与刘秀避难有关的传说有“马站时虚提前蹄”“蝲蛄救刘秀”“寒号鸟没有窝”“熬菜煮饺子”“麦仁汤贴饼子”“马涧村来历”等。其中，“熬菜煮饺子”故事说的是刘秀被王莽追杀，饿昏在内丘山中一农户门口，这家闺女用“熬菜煮饺子”救醒他。刘秀当皇帝后，“熬菜煮饺子”成为内丘山区一带最好的饭食，天子吃过的饭也就成了新年第一顿饭。现今人们经过沸水焯菜去杂味，加调料，点明油提味，“熬菜煮饺子”吃起来鲜香爽口，成为招待贵宾的一道招牌饭食。

↑ 村民做好的“熬菜煮饺子”

宋仁宗赵祯敕封扁鹊神应侯

宋仁宗赵祯（1010—1063），宋朝第四位皇帝。初名赵受益，天禧二年（1018）被立为皇太子，赐名赵祯。乾兴元年（1022），仁宗即帝位，年号天圣。在位四十二年，是两宋时期在位时间最长的皇帝。

宋仁宗赵祯身体不适，遣使谒庙求医，使未至而病愈，始降玺书，赐号“神应侯”。宋熙宁二年（1069）《重修神应侯庙记》碑记载：“邢之西北隅，距治城八十里曰蓬山，跨其上神应侯祠在焉。”“嘉祐初，仁宗不豫，虽药未喜，虔祷于神，遽报如响，始

↑ 宋熙宁二年《重修神应侯庙记》碑

得谥侯，因以神应为号。"《宋史·列传·第二百二十一·方技下》记载："许希，开封人。以医为业，补翰林医学。景祐元年，仁宗不豫，侍医数进药，不效，人心忧恐。冀国大长公主荐希，希诊曰：'针心下包络之间，可亟愈。'左右争以为不可，诸黄门祈以身试，试之，无所害。遂以针进，而帝疾愈。命为翰林医官，赐绯衣、银鱼及器币。希拜谢已，又西向拜，帝问其故，对曰：'扁鹊，臣师也。今者非臣之功，殆臣师之赐，安敢忘师乎？'乃请以所得金兴扁鹊庙。帝为筑庙于城西隅，封灵应侯。其后庙益完，学医者归趋之，因立太医局于其旁。希至殿中省尚药奉御，卒。著《神应针经要诀》行于世。"印证了宋嘉祐元年敕封扁鹊神应侯的事实，但史志和碑刻的敕封年号和名称有异。

元太医院提点颜天翼奉元世祖忽必烈旨修扁鹊庙

颜天翼（1190—1254），字飞卿，元代太医院提点，邢台内丘人。

忽必烈登基前，曾在邢州一带任藩王，深知扁鹊行医治病之事。即位后派使者到扁鹊庙祭祀，使者回禀情况，忽必烈萌发修庙之意，太医院提点颜天翼愿意告老还乡，秉持此事。忽必烈当即答应并下令，将每年的香火钱一半修庙，余下作为颜天翼一家的家用。

元至元五年（1268）《国朝重修鹊山神应王庙碑》中诗铭赞赏颜天翼一家义修扁鹊庙的壮举："蓬山苍苍，襄水洋洋，彼有人焉非常，俨立祠于其傍。厥出禁方，得之长桑，涤垢湔肠，病尝愈于膏肓。邦人不忘，祀事孔彰，被衮而裳，垂旒而王。庙经兵荒，废为荆榛，瓦砾之场，崇起有时，待我圣皇。厥初颜君，宠命是将，志愿未毕，遽尔云亡。继志有人，乃配阿张，二子皆贤，伯禄伯祥。落成之日，归功庙堂，勒为丰碑，令闻载扬。王其有灵，降福穰穰，风雨和时，年岂用康。跻斯民于仁寿之域，而衍圣祚于无疆。"

↑ 元至元五年《国朝重修鹊山神应王庙碑》

元世祖忽必烈两次降旨祭祀扁鹊

孛儿只斤·忽必烈（1215—1294），1260 年在开平即汗位，建元中统，开始按中国传统的王朝年号纪年。1271 年改"大蒙古"国号为元，1272 年迁都元大都（今北京）。1294 年正月，在大都病逝，谥号圣德神功文武皇帝，庙号世祖，是大蒙古国的末代可汗，同时也是元朝的开国皇帝，蒙古尊号"薛禅汗"。

中统元年（1260）《宣差太医（院）提点许国桢奉皇帝圣旨里致祭》碑记载，世祖忽必烈降旨祭祀扁鹊。宣差太医院提点许国桢为主祭，真定（今正定）府录事司达鲁花赤不伯、获鹿县达鲁花赤不剌儿陪同，从官有邢州刘同知，陪拜者有内丘人颜天翼之长子颜伯禄。中统三年（1262）《皇阙金门逸士訾洞春特奉皇帝圣旨降祭》

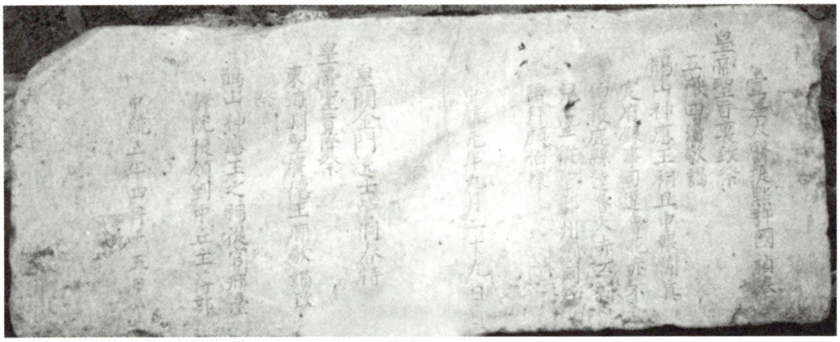

↑ 中统元年、三年奉旨致祭碑

碑记载，皇阙金门逸士訾洞春特奉皇帝圣旨降祭东海渊圣广德王庙，敬谒致祭鹊山神应王之祠。其他从官还有邢台驿院刘提领、中丘郭主簿等。以上两次事件记载在一块石碑上，现存于扁鹊庙群碑廊内。

↑ 不忽木题《九龙河》诗碣

元平章政事不忽木谒扁鹊庙题诗

不忽木（1255—1300），又名时用，字用臣，康里人，元世祖侍从燕真之子。不忽木跟王恂、许衡学习儒学，历仕元世祖、元成宗两朝，官居中书平章政事、昭文馆大学士。后为平章军国事，行御史中丞。

元至元二十年（1283），平章政事不忽木任燕南河北道提刑按察使，因病恳祷于扁鹊庙，留下《鹊王庙》《九龙河》两首诗作。明成化《顺德府志》记载《鹊王庙》：“一勺神浆浩满襟，天开明哲岂难谌，齐侯无幸菑残速，虢子有缘惠泽深。磊磊山形千古仰，巍巍庙貌四方钦。惟王授我刳肠术，换尽人间巧伪心。”明崇祯《内丘县志》记载《九龙河》：“相彼山泉源本清，太平君子濯尘缨。泠泠似与游人说，说尽今来古往情。”此两首诗原诗碣碑现存于扁鹊庙群碑廊内。

↑ 不忽木题《鹊王庙》诗碣

元仁宗普颜笃汗“敕赐梵云之寺”

普颜笃汗（1285－1320），别名孛儿只斤·爱育黎拔力八达，元武宗弟，元朝第四位皇帝，年号皇庆和延祐，在位九年，减裁冗员，整顿朝政，实行科举制度，推行“以儒治国”政策，复兴元朝。庙号仁宗，谥号圣文钦孝皇帝，蒙古语称普颜笃汗。

元皇庆元年（1312），圣文钦孝皇帝引五位前帝圣旨颁布诏书，免除内丘县西山梵云寺、洗肠院、洪济院等寺院“差发”“商税”“地税”，划定寺院四至边界，寺院田产等财物归寺院所有，保护寺院利益。现存于内丘县且停寺（即梵云寺）遗址的元延祐二年（1315）《敕赐梵云之寺》圣旨碑记载了此诏文：“……成

↑ 元代《敕赐梵云之寺》圣旨碑

吉思皇帝、月阔歹皇帝、薛禅皇帝、完者（泽）笃皇帝、曲律皇帝圣旨……顺德路内丘县西山有的梵云寺、洗肠院、洪济院等寺……铺马支应休拿要者，商税、地税休与者。但属寺院家的田产、人口、头匹、园林、碾磨、店舍、铺席、解典库、浴堂……”等均不纳税。

明成祖朱棣“燕王扫北”内丘留村名

朱棣（1360—1424），明朝第三位皇帝。1403年朱棣登帝位，改号永乐，后迁都北京，是为明成祖。在位23年，多次派郑和下西洋，加强了中外友好往来。还命人编修《永乐大典》。史称“永乐盛世”。

2006年《内丘县志》载：“惠帝建文元年（1399）7月，燕王朱棣发动‘靖难之役’，先夺取河北大部分地区后，又率兵南下。在真定、顺德、广平、大名等地沿途杀掠，俗称‘燕王扫北’，内丘居民为避战乱，背井离乡，所存无几。”

民间传说，“燕王扫北”沿途杀掠，内丘十室九空，留下“北光”（后分为东、西、中、南四个北光）“南光”（后分为东、西两个南光）村名，山沟尚有一小村被落下称“撤沟”。张村村民张寡妇为诅咒燕王残暴杀害其全家，持扇鼓边敲打边诉说，留下民间音乐舞蹈“内丘扇鼓”，并传承至今，已列入河北省非物质文化遗产名录。

清光绪帝、慈禧太后驻跸内丘扬名“挂汁肉”

爱新觉罗・载湉（1871—1908），清朝第 11 位皇帝，定都北京后的第 9 位皇帝，在位 34 年，年号光绪，史称光绪帝。

慈禧（1835—1908）即孝钦显皇后，叶赫那拉氏，咸丰帝的妃嫔，同治帝的生母。晚清重要政治人物，清朝晚期的实际统治者。

1996 年《内邱县志》载：“光绪二十七年（1901）春，慈禧太后和光绪帝自西安回京，途经内邱。”据当时见证人讲，慈禧和光绪驻跸内丘文庙行宫。

民间传说，内丘厨师专做香气四溢、滑嫩爽口的“挂汁肉”，奉膳光绪帝和慈禧太后，得到赞誉。而今此菜成为内丘的地方特色菜，列入内丘县非物质文化遗产名录，获“河北名菜”称号，名声远扬。

↓ 内丘挂汁肉

热爱家乡的多情儿女

内丘人杰地灵，是一块人才辈出的土地。在这块充满灵性的土地上，孕育出一方圣贤名士，成就了一方灿烂文化。

内丘境域在春秋时即有私学。汉至隋唐时期，私学、儒学、官学并举。宋、元、明、清历朝设儒学、书院、社学、义务、私塾及各类官办、私办学校。民国年间，境域内高级小学教育有所发展。抗日战争爆发后，内丘沦陷，绝大多数学校解散。1940 年，内丘抗日县政府建立抗日小学 19 所。中华人民共和国成立后，党和政府大力兴办教育事业，各类学校迅速发展，至 1965 年年底，内丘县有高级小学 32 所，初级小学 221 所，完全中学 1 所，初级中学

↓ 河北内邱中学

4所。中共十一届三中全会以后，内丘县教育事业迅速发展，全县已基本形成了幼儿教育、普通教育、职业教育、成人教育等多种教育形式并存的教育格局。

教育事业的发展，使内丘成为人才辈出的地方，培养出的名人圣贤数不胜数，仅在历代县志中为其立传的就达66人。

古代人物　春秋时期：程本，被孔子赞为“天下贤士”；扁鹊，创立中医“望闻问切”四诊法，中华中医之鼻祖。汉代：冯唐，“一代忠声动汉廷”的贤臣；郭巨，“孝母埋儿得黄金感天动地”之孝子；张燕，黄巾军领袖之一，建立黑山军。十六国时期：张宾，“算无遗策，机不虚发”辅佐石勒建立后赵政权的名臣。五代时期：李周，卒后被“赠”为太师。元代：颜天翼，太医院提点，奉旨修扁鹊庙而逝；刘德渊、林起宗，教书育人的乡贤。明代：乔中和，崇祯年间主编《内丘县志》；贺昭，疏河道解水患的名臣；吴相、刘斌，一代名臣。清代：和羹，康熙年间主编《内丘县志》；韩太华，教子有方的乡贤；韩枢、刘允生，一代名医；智怀行、申凤，孝子楷模；田象三，有“父子孙三代进士”之称的进士；海宽，著书得御览的高僧；韩襄，自创韩氏书法体；马尚德，清末武榜眼；郝继贞，有“郝青天”之誉的贤官。

近现代人物　武述文，中共统战干部，因反对军阀暴行而牺牲的革命烈士；王贞文，舍田建义校、一生为革命的晋冀鲁豫边区参议员；施恒清，一生献给革命的中共晋东工委书记；和泰，英年早逝，被称为“青年哲学家”；王庭炜，被赞为“高文健笔科场手，白发青衫淡泊人”；宁献庭，捐田重教的爱国人士；滑德铭，为治理黄河而献身的总工程师；孙佩荷，民国年间主编《内邱县志》；贾庆虎、李振邦、房九长、王金荣，抗日英雄；宁文小，被授予“智勇兼备的民兵杀敌英雄”；

↑ 治山模范刘从荣纪念碑亭

安久仁，抗日时期的“劳动英雄”；赵振武，内丘县域第一位共产党员，建立内丘第一个党支部；陈紫州，内丘抗日县政府第一任县长；和聚海，被誉为抗日锄奸“活阎王”；张荣妮，有“飞毛腿”之称的抗日交通员；梁振江，被誉为“石门打出的一枝花”，在解放战争中牺牲；王贵申，解放战争时期被授予“一级杀敌英雄”称号；张文，“太行军区一级杀敌英雄”和“晋冀鲁豫边区政府二级杀敌英雄”；郝维春，劳动模范，曾分别受到毛主席、周总理两次接见，受邀登天安门城楼观看国庆十周年庆典；郭玉栋，把一生献给内丘的好县长、好书记；邓不喜，内丘最早的中共党员之一，全国农业劳模；刘从荣，县委、县政府为其立碑建亭的治山模范；杜墨堂，县委、县政府为其立碑的“模范党支部书记”；董继增、常继忠、安生长、张玉林、王白石、杨如桂、武荣起、彭惠民、牛淑芳，皆为党的好干部。李书魁，一代名医；常致意，藏书万卷的校长；李冠军，书法造诣影响邻近各县；赵继普，独创书法“赵继普体”；杨文志，为内丘民间文学繁荣作出贡献；姚二青，为内丘宣传事业作出贡献；石璞，为农村教育体制改革作出贡献。

当今人物　王胜，“全国五一劳动奖章”“全国劳动模范”“全国绿化奖章”获得者，积劳成疾，病逝在第一线，被中组部、中宣部和河北省委宣传部追认为“全国优秀共产党员”“最美基层干部”

和“燕赵楷模”。2016年1月，“王胜先进事迹展览馆”在其家乡内丘县西石河村建成。李保国，2016年5月，习近平主席批示其为“新时期共产党人的楷模，知识分子的优秀代表，太行山上的新愚公”，先后被中组部、中宣部、教育部追授为“全国优秀共产党员”“时代楷模”“全国优秀教师”。2017年“李保国先进事迹教育基地”在他生前呕心沥血帮助致富的内丘县岗底村建成。

内丘有309个行政村，村村有历史，村村有故事，村村有来历。而与名圣贤士有关的村庄，多达数十个，如程子与程家湾村、扁鹊与神头村、张耳与张耳沟村、冯唐与冯唐村、郭巨与金店村、张宾与铁顶墓村、李阳与李阳村、刘德渊与鲁亭村、表善与表山村、范达与仙人村、智怀行与智家庄等村庄。

程子与程家湾村

程子（生卒年月不详），姓程氏，名本，字子华，晋大夫赵氏家臣程婴（舍亲子救赵氏孤儿）之孙。当时内丘地域属晋，故春秋时称程本为晋人。明崇祯《内丘县志》记载：“周，程本，字子华，博学，通坟典诸书。有卓异之行，性阔爽，善持论，不肯苟容于诸侯，聚徒讲学。赵简子欲仕诸朝，而不能致。去之齐，遇孔子于郯，倾盖而语终日，甚悦，顾子路取束帛赠之，曰：天下贤士。所著有《子华子》书，今祀乡贤。”赵简子之子赵襄子东迁于邢，程氏家族尽随之迁来。程子死后，葬于县城西一山岗，称“程子岗”，程氏家族所居村庄命名“程家湾”。程本墓为邢台市文物保护单位。明成化《顺德府志》记载：“程家湾，县西南三十五里，西有程子岗墓。”明崇祯《内丘县志》记载：“程子华墓在程子岗，春秋程本字子华，万历间知县李梗立石。”

明朝时有程姓从程家湾迁出，建村程村（现又分为南、中、北三个程村）。后人曾盖程子庙、立孔子与程子交谈赠帛处石碑，世代祭祀不绝。明崇祯《内丘县志》记载：“程子庙在西门外，崇祯庚午，知县雷鸣时建。有临城考功郎乔若雯记，戊寅虏□毁，高翔汉改建于文庙西社学。”明代乔若雯撰《创建子华子庙记》、明代崔数仞作《子华子传》也有记载。清康熙《内丘县志》载，清代内丘县令汪匡鼎赋诗《读子华子书》赞其一生：“松柏抱贞干，秀色凌严霜。芝兰赋深谷，灵质含幽香。君子有令德，弥久名益彰。千秋子华氏，景仰讵敢忘。群博贯愤典，爽论徵否藏。当世显介节，清襟折侯王。去就虽不苟，眷眷父母乡。所贵在心学，非徒有文章。故于忠孝间，屹立不可降。孔子谈倾盖，盖未尽端详。天下贤士称，只此孰能当。遗书见行事，所在精神藏。秦炽固灼然，呵护曾无伤。既而校天禄，荧荧丙夜长。始知老人藜，多为此帙光。往迹畿陈谢，高风翘可望。”又载前人作《程子华祠》：“贤士迁邢日，曾投此地居。语倾宣圣盖，聘却大夫书。名著谁樵慕，道高争式闾。两庑从祀列，跻入更何如。”

↑ 程本墓

传说“交台”村名，是因孔子与程子在内丘“倾盖而语终日，甚悦”，从“交谈”演变而来。

冯唐与冯唐村

冯唐（生卒年月不详），西汉大臣。汉司马迁《史记·冯唐列传》记载："冯唐者，其大父赵人。父徙代。汉兴徙安陵。唐以孝著为中郎署长事文帝。"其祖父为战国时赵国中丘（今邢台内丘）人，其父亲移居到代郡（今蔚县西南），汉朝建立后又迁到安陵（今咸阳城东）。冯唐以孝行著称于世，被举荐做了中郎署长侍奉汉文帝。后因谏言得到文帝重用，任命冯唐做车骑都尉，掌管中尉和各郡国的车战之士。汉景帝即位，冯唐去做楚国的丞相，不久被免职。汉武帝即位时，征求贤良之士，大家举荐冯唐。冯唐时年已九十多岁，不能再做官了，于是任用他的儿子冯遂做了郎官。明崇祯《内丘县志》载有其传。

↓ 冯唐村民在举办纪念冯唐"夸官"（民间游街）活动

冯唐死后归葬故里，故里乡亲为表达对冯唐的怀念，将村名改为“冯唐村”，一直沿用至今。冯唐墓为内丘县文物保护单位。清康熙《内丘县志》记载：“都尉祠在冯唐村大觉禅寺之左，古塔下为汉车骑都尉冯唐墓也。”冯唐，以孝闻，明万历年间入乡贤祠。祠坐北朝南，坐落在墓封土上，南面有台阶数十级直通祠门，台上松柏常青。据传，冯唐死后，皇帝下令为其建庙四百间，贪财的监督官只在封土之上盖庙一间，回奏时说“四百单一间”，实为四棵柏树和一间庙。

明崇祯《内丘县志》记载，明代内丘知县郑伯兴撰文《建忠孝祠记》：“邑西有冯都尉墓，墓上有冯都尉祠，傍曰大冯村、中冯村，皆公之余裔列居也。”现今村名演变为三个村，即三中冯（由南中冯、北中冯、中冯洞三个自然庄组成）、南大冯、北大冯。清康熙《内丘县志》记载，明代内丘人崔数仞《题都尉墓》诗云：“一代忠声动汉廷，于今仿佛见仪型。荒坟斜日高风起，伫看年年草自青。”

西晋文学家左思在《咏史》中所叹：“冯公岂不伟，白首不见招。”唐代王勃在《滕王阁序》之《秋日登洪府滕王阁饯别序》中写道：“嗟乎！时运不济，命途多舛，冯唐易老，李广难封。”宋代文学家苏轼的《江城子·江神子·密州出猎》中“持节云中，何日遣冯唐”均提到冯唐。

张宾与铁顶墓村

张宾（281—322），字孟孙，赵郡中丘（今河北内丘）人，十六国时期后赵大臣。《晋书·石勒载记》载：“张宾，字孟孙，赵郡中丘人也。父瑶，中山太守。宾少好学，博涉经史，不为章句，阔达有大节。”明成化《顺德府志》、明清《内丘县志》均有相关记载。

西晋永嘉六年（312），张宾辅佐石勒称赵王，行皇帝事，定都襄国。当年登基称帝，国号“后赵”。石勒称赞张宾“算无遗策，机不虚发”“功高莫比”，并封其为濮阳侯，官至右长史、大执法，履行宰相职务。石勒在其协助下“拓城郭，起雉堞”，将襄国古城建成一座内有城、外有郭，固若金汤的坚强堡垒，号称建平大城。后赵四年（322），张宾病死，被追封为散骑常侍、右光禄大夫，葬于内丘。张宾墓，为邢台市文物保护单位。后有移民在此建村立业，村庄因墓而名为铁顶墓村。据考证，墓地顶部土质含铁成分较多，受潮后结块呈红褐色，似铁一样，故称铁顶墓。清康熙《内丘县志》记载：“铁顶墓，在县南十三里许，后赵张宾墓也。周围皆

↓ 张宾墓与铁顶墓村

铁，高三丈余，广十余亩，石季龙厚葬以报宾也。”2008年出土《汉故散骑常侍有光禄大夫濮阳景侯张公之碑》记载：“君讳宾，字孟孙，赵国中丘人。”

传说，后赵石勒皇帝厚葬张宾，为防盗墓铸成铁顶，故名铁顶墓。

李阳与李阳村

李阳（生卒年月不详），后赵大将。宋司马光《资治通鉴》载：“后赵王勒悉召武乡耆旧诣襄国，与之共坐欢饮。初，勒微时，与李阳邻居，数争沤麻池相殴，阳由是独不敢来。勒曰：‘阳，壮士也；沤麻，布衣之恨；孤方兼容天下，岂仇匹夫乎！’遽召与饮，引阳臂曰：‘孤往日厌卿老拳，卿亦饱孤毒手。’因拜参军都尉。”

传说，李阳奉诏迁往襄国（今邢台），选内丘城东北“五里墩”

↓ 前、后李阳村（从东向西航拍）

之地建村定居，按其姓名取村名李阳村，河称李阳河。后来以李阳河为界，又分为前、后李阳两个村。李阳河今已无水。

李周与太师乡

李周（871—944），原名李敬周，字通理，后唐邢州内丘人，唐代潞州节度使李抱真后代。16岁为内丘捕盗将，以骁勇闻名。后晋时任万胜黄头军使，从征有功，迁升巨霸指挥使。李周为将英勇，与士卒同甘苦。后及任相、蔡二州刺史，又拜为武信军节度使卫永丰、安远、宣武等镇，多善政，74岁卒，赠太师。其事迹，明成化《顺德府志》、明清《内丘县志》均有记载。明清时，邑内均设太师乡。明清《内丘县志》又载："旧志邑有三乡，其村落山川俱各有属焉，曰长春乡，曰左相乡，曰太师乡，命名之义未详。……邑人李周赠太师，乡名太师，取李周赠官义。"

葛庸与左相乡

葛庸（生卒年月不详），元代左相。明清《内丘县志》载："元，葛庸，仕左丞相。""旧志邑有三乡……曰长春乡，曰左相乡，曰太师乡……邑人葛庸为左丞相，墓在杨庄，乡名左相。"左相墓为内丘县文物保护单位。清康熙《内丘县志》记载："左相墓，在杨庄西，元左丞相葛庸墓也，御史苏可贞撰表。"民国二十九年（1938），封土被平。墓前石牌坊、石人、石猪、石羊等物陆续被毁，只留残迹。

刘德渊与鲁亭村

刘德渊（1209—1286），元代邢州内丘人。明崇祯《内丘县志》记载：“刘德渊，字道济，号鲁亭，生而貌古，刻苦好学，有长者风。中戊戌诸路魁。中统间，三府累征不就。后授翰林待制，亦不就。尝著书数万言，敷析司马公《通鉴》数百条，悉与《朱子纲目》合。刘太保、刘秉忠、许鲁齐雅敬之。一日疾，或馈药曰：‘吾非不谨疾者，生死有命。’卒年七十九。学士王恽撰墓表，今入乡贤祠。”著有《刘道济诗》《三为书》等。人们以其号改村名为“鲁亭村”（后又分为前、后两个鲁亭村），以示敬仰纪念 。明成化《顺德府志》、明清《内丘县志》均记载：“翰林墓，元刘德渊墓也，在程家湾，学士王恽撰表。”元翰林学士王恽为其作墓表志《翰林待制刘德渊墓表》，还记载：“讲书台，在鲁亭村西北半里许，刘德渊讲学旧址，高五尺，方二亩余。”

表善与表山村

表善（生卒年月不详），明代和尚。1983 年《内邱县地名志》、2006 年《内丘县志》均记载：“后表山。明隆庆五年（1571），此处有一寺院，寺内有一和尚法名‘表善’。此人医术很高，治愈了许多病人。人们为了纪念他，便以其法名作为村名，曰‘表善村’，后因‘善’与‘山’同音而演变为表山。再后村分为二，该村居北称后表山，居南的称前表山。”2012 年前表山、后表山两个村庄整体迁至距原村五公里的内丘县城南。

↑ 搬迁到县城南的前表山村

↑ 搬迁到县城南的后表山村

范达与仙人村

范达（生卒年月不详），明代修行之人。明清《内丘县志》均记载："仙释，范达，生有奇骨，读书过目不忘。成化间，弃家从异人游，遂为武当山提点。邑人有至武当山者，见达乘肩舆，丰神飘洒，琼肌绰约，从者数十人，皆黄冠青着，拥于前后，问之知为达也？与语，达因询其家父、子、兄弟，庆甚眷恋。后数年，有再

↑ 仙人村牌坊

至者，见之颜如童子，无异昔日，行步如飞，欲就之而不得近。后遂以所居村名仙人村。”

传说，范达上蓬山砍柴，遇二老翁吃仙桃下棋，其因观棋入迷，饿食老者所弃桃核。老翁棋散，范达寻到砍柴斧头，柄朽斧锈。他赶回家，乡邻家人皆不识。谈其身世，已逾几世，村人视其目光皆疑。范达倚村中铁雁哭诉，铁雁长鸣，竟驮其腾空飞去。村人才知，范达在蓬山遇神仙度化成仙，便改其所居村名为仙人村。

智怀行与智家庄

智怀行（1588—？），字欲敏，明末清初孝子。明末流寇困城，智怀行不顾危险，出城寻母救兄。因其孝行，流寇撤兵，解城围。清康熙《内丘县志》记载：“智怀行，邑诸生。少贫，佣以养亲，父病瘟，思甘泉。时久旱泽涸，非数里外不能得，而怀行侍父不敢离，拜求于家影之旧井，清泉迸溢，咸谓孝感所至。嫂没遗孤幼，令妻乳之。己子以分乳死，无怨言。崇祯末，流寇迫城下，怀行以母兄在外，欲出城，守陴者嘉其志殊，书票与之。怀行裹票缒城而下，为寇所获，令袒胸受刺，见票，携以见帅。帅视票，壮之，问怀行城中有兵否？曰：有。粮多否？曰：多。乃还票且授以矢，令得出营。既出，行数里，得母，惊喜仆地，扶入郭。复往寻兄，兄方缚树受射。怀行伏地请代，得并释。贼以城中饶兵粮，解围去，见怀行貌质厚，信其语也。怀行既全母兄，并救一邑生灵云。后亲殁，庐墓三年。顺治十七年学使熊伯龙题请旌表，邑令邵嗣尧为之传。”清道光《内邱县志》记载，《孝子碑记》曰：“天子降命旨旌表之。”为其立碑，猗氏（今山西临猗）人柏乡令邵嗣尧为其撰写《孝子篇》：“顺治十七年，督学熊次侯先生特疏以闻，奉旨建坊旌表。今年七十有二，好读周易。府尹扬子廷、邑令陈于逵为立孝子庄以居之。邑庠苏子讳楫者，馆于柏，为余言其事，感而赋曰：巍巍鹊山，汤汤渚水，毓灵钟秀，萃于孝子。孝子伊何？曰维智氏。家徒四壁，诵读不已，佣而得食，以供甘旨。父思饮甘，泉枯井底，拜而求之，旧井斯□。兮乳孤侄，宁子受馁，子亡侄存，夫妇无悔。是生四儿，难兄难弟。邻妇见鬻，代赎还尔，母意如斯，成之为美。有明之末，流寇至止，城门昼闭，畴敢睨视。智子缒城，爰抵其垒，剥衣将杀，睹腕携纸，朱书成行，渠见之喜，寻母与兄，至不畏死。再讯得情，为之啮指，乃加拥护，授以半矢，扶母负兄，归于闾里。愚不可及，智之谓矣。比亲之殁，庐墓三载，忠族称孝，闻于天子，帝嘉乃德，命书青史。”民国《河北通志稿》记载：“孝子庄，明，内丘县境。为明孝子智怀行立庄。立于清。知县陈于逵以孝子事在明代。故仍列于明。”2006 年《内丘县志》载：“智家庄。据传，明末清初，此村出了位叫智怀行的孝子，故原名‘孝子庄’，后更名为‘智宾庄’，再后又演变为智家庄。”

黄土地上的重大历史事件

内丘，是一块书写青史的土地。在这块黄土地上，诸多历史事件记录了内丘的历史变迁。

背水一战

清康熙《内丘县志》记载：“城北三十里为泜水河，即尹村河，韩信背水破秦兵处。”1996年《内邱县志》载：“高祖三年（前204年）十月，韩信在井陉背水破赵，赵兵南遁，信追之于泜水，斩成安君陈馀，擒赵王歇。后陈馀、张耳均葬于泜水南岸（今西张村南岗）。”西汉司马迁《史记·淮阴侯列传》记载：汉高祖二年（前205），韩信和张耳率兵突破井陉口，攻击赵国。赵王歇、成安君陈馀在井陉口聚集兵力准备迎击。赵王谋士李左军主张堵井陉口、断汉军辎重粮草，陈馀坚持与汉军正面作战。韩信得这一情报，边命部队佯攻撤退引出赵兵，边半夜又派轻骑冲入赵军营地，换上汉军旗号。“赵军已不胜，不能得信等，欲还归壁，壁皆汉赤帜，而大惊，以为汉皆已得赵王将矣，兵遂乱，遁走，赵将虽斩之，不能禁也。于是汉兵夹击，大破虏赵军，斩成安君泜水上，擒赵王歇。”

张耳（前264—前202），秦末汉初大梁（今河南开封西北）人，曾与陈馀一起参加秦末农民起义。项羽分封十八路诸侯时，张耳被封为常山王（后世为避汉文帝刘恒名讳，恒山皆作常山），定都襄国（今邢台），后归汉成为刘邦部属，被加封为赵王。汉高祖刘邦五年（前202）薨，谥曰景王，习称赵景王。后张耳投奔刘邦，陈馀投靠赵王歇，二人反目，死后皆葬于泜河南岸。张耳、陈馀墓已列入内丘县文物保护单位。

明成化《顺德府志》记载："张耳沟，县西二十里，赵王张耳驻兵处。"1996年《内邱县志》载："张耳沟。据隆尧县代河桥张耳碑文记载，赵国时，赵歇为王，张耳为相，曾占据此山沟扎营安寨，故名张耳沟。"

传说，张耳在泜河沿岸屯田练兵，安营扎寨的地方是现今的张耳沟村；演武操练的地方是现今的演武川村；养马的地方是现今的马庄村（1946年分为东、西马庄）；存放粮草的地方是现今的紫草沟村；屯田的地方是现今的田庄村（1966年分为东、西、中三个田庄，后新田庄又从东田庄分出）。民间封张耳为土地神，其庙在演武川村。张耳死后，其子张敖将其与陈馀葬于西张村南马棚岗。

↓ 张耳陈馀墓祭祀活动

黄巾起义

清康熙《内丘县志》记载：“黑山城，在青山村。汉灵帝时，黄巾贼张牛角死，命众奉褚飞燕（张燕）为帅，部众寖广几百万，遂城青山。”

东汉末年（184），张角创立“太平道”，发展徒众数十万，发动了历史上著名的“黄巾起义”。常山真定（今河北省正定县）人褚燕，聚众万余人响应“黄巾起义”，遂与张角会合，燕推张角为首领。张角在内丘凌霄山设立大本营黄巾军寨，周围还设许多分寨。黄巾军起义后，褚燕先后攻占赵县、中丘等地，后屯驻黑山（今内丘县东青山村），在此筑城建寨。明成化二十三年（1487）《顺德府志》记载：“青山，县西南二十里，旧名黑山，后周改今名。汉褚燕驻黑山城为帅，即此山也。”黑山方圆百里，东接冀州平原，西连绵绵太行，进可攻邺（今河北省临漳县西），守可保太行，退可避并州（今山西省太原市），正适驻兵之地，故褚燕选中黑山。张角病重时，推褚燕为首领，褚燕遂改名张燕，统率黄巾军。张燕骁勇善战，剽悍捷速，军中称其“飞燕”。《资治通鉴·汉纪五十》《三国志·魏书·张燕传》皆记载了张角、张燕之事。

黄巾军起义失败后，张燕撤离凌霄山，在黑山一带坚持战斗二十余年。不久，常山、赵郡等地义军与燕联合。孙轻、王当等亦率军从燕，众至数万，号称黑山军。建安十三年（205）四月，曹操平定冀州，张燕遂归曹，被封为平北将军、安国亭侯，黑山一带成为张燕封地。其死后葬于内丘，明崇祯《内丘县志》记载：“飞燕墓，在吴村西，俗呼擀面台。”民间称此墓为飞燕墓，俗称王母娘娘擀面台。

现今，凌霄山寨已列为河北省文物保护单位，青山城遗址已列为内丘县文物保护单位。张角占据的凌霄山周围，形成黄岔、寨门沟等村庄，并留下张角寨、吊桥沟、瓦窑沟等数十处与黄巾军有关的地名。

契丹屠内丘城

郭威（904—954），字文仲，别名郭雀儿，邢州尧山（今邢台市隆尧县）人，五代时期后周建立者（951—954 年在位）。

明清《内丘县志》记载："五代汉隐帝乾祐三年契丹屠内丘。"北宋司马光《资治通鉴·二百八十九卷》记载："邢州奏'契丹主将数万骑入寇，攻内丘，五日不克，死伤甚众。有戍兵五百叛应契丹，引契丹入城，屠之，又陷饶阳'。太后敕郭威将大军击之，国事权委窦贞固、苏禹、王峻，军事委王殷。十二月，甲午朔，郭威发大梁。"

后汉乾祐三年（950），后汉隐帝刘承佑信谗言，大杀功臣，还杀了郭威全家，并派人带密旨去邺都（今河北大名北）杀郭威。郭威深得部下爱戴，众将激愤而反。这年冬天，郭威令柴荣镇守邺都，自率军回京城大梁（今河南开封）清奸邪，除群小。隐帝刚愎自用，与慕容彦超带兵迎敌。慕容大败，士兵纷纷投降。隐帝没有露面就逃跑了，躲进农家被乱兵所杀。郭威军队进京，太后临朝，立高祖侄子刘赟为帝，并派人去接他登基。此时北方发生契丹数万骑兵入侵，攻打内丘城，五日没有攻下，死伤很多。后有五百守兵被策反，引契丹兵入城，发生了"契丹屠内丘"事件。接着饶阳也沦陷，边境告急。太后命郭威总领兵权，出兵拒敌。郭威走了近四百里到了澶州（今河南濮阳），刘赟派人慰劳军队，诸将不拜谢，担心刘赟登基后清算他们，于是数千军士哗变，拥立郭威，郭威将自己反关在屋内阻止，军士越墙进入，有人扯下黄旗披在郭威身上，将士齐呼万岁，其中就有郭威的大将赵匡胤。郭威率兵回师，成为“监国”，不到一个月，于951年正月称帝，建立周朝，史称后周。刘赟在宋州（今河南省商丘市睢阳区）被囚禁，贬为“湘阴公”，次年被杀。契丹人侵损兵折将，又听说郭威登基，而且遇到了月食的天象，即退兵。

抗日保卫战

1937年“七七卢沟桥事变”后，抗日战争全面爆发。同年10月14日，日军占领内丘城，内丘人民揭开了抗日斗争的序幕。

为了抗日救国，中共中央要求在华北广泛开展抗日游击战争。杨秀峰受中共北方局的指示，成立“冀西民训处”。1937—1939年，内丘先后成立抗日区政府、抗日县政府，农会、工会、青救会、妇救会等抗日团体，成立农村党支部等，内丘县抗日斗争全面展开。

为了开展华北抗日游击战，1937年11月13日，八路军129师769团8连1部驻内丘，协助杨秀峰开展抗日斗争。1937—1939年，先后成立了内丘县抗日游击大队、抗日自卫游击支队、抗日独立营（后扩展为团）、南北保家民团、内东区振邦队等抗日队伍。同时还收编国民党溃兵，改编东南民团，建立抗日军政干部学校，开办各种训练学习班，团结知识分子抗日，惩治内部腐败，为抗日队伍不断输送新的血液。

1937—1945年，日本侵略军对内丘抗日根据地大扫荡达20多次，小扫荡不计其数。白鹿角区九寨会以东的村庄全被烧毁，日军构筑三道封锁线，建据点、碉堡 50 处，在内丘石关、西张村、东磁窑沟、西庞、柳林沟、落凹等村制造惨案，屠杀抗日军民，残害妇女儿童，抓劳工抓壮丁，内丘被惨杀的人数达 1140 人。

在残酷的斗争中，共产党领导内丘军民开始了艰难的抗日岁月，进行反扫荡、反封锁斗争，在西丘村成立集市建立秘密交通站，之后又建立敌工站、堡垒村、秘密交通线，开展大生产运动、精兵简政、减租减息运动，铲除汉奸、策动伪军反正，建立抗日统一战线。全县军民团结一致，共同御敌。据 2006 年《内丘县志》记载，抗日战争中的主要战事有：百团大战在内丘境内的战斗、神头狙击战、獐獏狙击战、王家庄伏击战、近郎岗伏击战、白鹿角伏击战、西丘伏击战、王家庄狙击战、大破击进攻战、格子网内游击战、乔交台地雷战、寨门沟十八盘伏击战、郝赛夺牛战、牛王寨伏击战、岩南狙击战、大留村伏击战等，有力地打击了敌人。

↑ 冀西游击队兵工厂旧址

内丘军民在共产党的领导下，团结一致，英勇杀敌，为解放华北及全中国做出了贡献，在内丘历史上留下光辉灿烂的一页。

至今内丘县域内留有兵工厂、被服厂、后方医院、抗战粮仓、修械所等遗迹。1937 年的冀西游击队兵工厂旧址，已列为内丘县文物保护单位。

内丘山清水秀，风光旖旎，是一块美丽富饶的土地。在漫长的地质发育过程中，形成西高东低地势，山地、丘陵、平原三类地貌约各占三分之一。大自然的鬼斧神工，为这里留下了峰峦叠嶂、山高谷深的山地；沟壑交错、蜿蜒曲折的丘陵，地势平坦、土壤肥沃的平原；造就了雄、险、奇、幽的山石古洞、绿水秀木。人类的巧夺天工，为这里留下了风景奇绝的三大山脉、五条河流，留下了无数个神话传说中的奇石异洞、古树名木，引来圣贤名士探险寻幽、咏诗作赋，使内丘的一山一水，一草一木充满了灵性。

↓ 太行山内丘段

第二章
自然山川

书写历史的青山

具有人文历史的内丘名山，隐藏于太行山主脉中南段的鹤度岭山脉、摩天岭山脉、鹊山山脉及丘陵之中。在这里曾发生过鲜为人知的历史事件，演绎出许多可歌可泣的人文故事。

鹤度岭

鹤度岭为鹤度岭山脉主峰，又名仙人台，位于内丘县城西 85 公里处。清《方舆纪要》记载：“岭最高，唯鹤可度，故名。”宋《太平寰宇记·邢州卷》记载：“鹊山西有龙腾溪、鹤度岭。”明崇祯《内丘县志》记载：“老人峰……又北为鹤度岭、锦绣堂。再北为寒山脑、杏峪、天井，转而东为赞皇之婆婆庵，此太行之脊也。

下视鹊山如平地，瞰顺德如阶除。”

鹤度岭地形地貌丰富多样，山体由古生界寒武系灰岩构成。远远望去，赤壁丹崖，峰林如剑，峭拔云天，蔚为壮观。自然形成了回音壁、八音台、天柱、天窗、天井、天桥、天书等壮美奇观。

鹤度岭四季分明，景色各异，风景如画。春天，芳草吐翠，桃花烂漫；夏天，绿树倒挂，流水叮咚；秋天，红叶如漆，山色如画；冬天，冰壁晶莹，银装素裹。尤其夏季雨后，云飞雾罩，扑朔迷离，宛如仙境。

鹤度岭生态环境良好，充沛的降水和泉流，形成多处飞瀑深涧，清泉碧潭，潺潺溪流，一年四季流水不断。主峰寒山垴，海拔1806.3 米。7 月平均气温 22℃左右，是消夏避暑、养生健体之地。

鹤度岭动植物资源丰富，栖息野生动物众多，有动物 60 余种、

↓鹤度岭红叶

植物1000余种，植被覆盖率达98%以上。这里是世界上异色菊的唯一产地，被载入《中国植物志》（中国科学院中国植物志编辑委员会编纂，科学出版社，1996年版）。

鹤度岭历史文化底蕴深厚 鹤度岭长城，明代遗址（明嘉靖二十年曾增建），河北省文物保护单位，为万里长城内长城的一隘口。内长城北起怀来县，南至沙河市，穿过内丘县境，全长12.5公里。清康熙《内丘县志》记载："口隘，鹤度岭，县西一百七十里，山峰巉峻，唯鹤可度，故名。"清《畿辅通志·卷四十一》载："鹤度岭口，在内邱县西百七七里，山顶最高。其北二十五里为锦绣堂口，又北十里云凹口，皆接山西乐平县界。"鹤度岭长城凭山险筑就，灰粗条石垒砌，内填黄土碎石夯实，呈南北走向，由关门、营堡及向两侧延伸的长墙组成。关门西向，门洞平面呈"凸"字形，上原有门楼，镶嵌"鹤度仙踪"石匾。关门两侧及南北城墙构成月牙形。《故关志》载："鹤度岭关，有月牙城……月牙石城，长五十丈，厚二丈，高二丈五尺。城有楼，楼门勒石曰：'鹤度仙踪'，盖蹊径崛崎，岩山巉筓，上千翠霞，下笼丹壑。"据《内丘县嵩都岭城记》碑记载："明嘉靖辛丑秋，虏贼深入山右，为害甚酷。"内丘知县杜世爵率当地士众修筑此城，次年五月告成。城内北侧屯驻营堡，岩壁有"鹤度仙踪""万年天险"两处摩崖石刻。2006年《内

↑ 鹤度岭山脉

丘县志》记载，金代文学家元好问题诗《鹤度岭》：“仙人台高鹤飞度，锦绣堂倾去无路。人言马岭差可行，此似黄榆犹坦步。石门木落风飕飕，仆夫衣单望南州。皋落东南三百里，鬓毛衰飒两年秋。”传说，唐代清河崔姓举子，赴京赶考，路经此地。因山高路险，难以翻越，一只仙鹤度其翻越山岭。中状元后为拜谢仙鹤开凿驿路，取名“鹤度岭”。登城眺望，峰峦叠翠，赤壁丹崖，雄险奇秀，山河壮丽，使人心旷神怡；古驿道穿城而过，是古代晋冀两地重要商路。

鹤度岭红色文化浓郁 冀西抗日根据地创始人杨秀峰，就是在这里领导冀西民训处、冀西游击队，经鹤度岭口，走古驿道，西赴山西昔阳，东进河北腹地开展抗日。鹤度岭驿道也成为连接冀西抗日根据地的红色通道。

↓ 鹤度岭长城

鹤度岭民间故事十分丰富 鹤度岭有关山川河洞、奇石异木的传说故事达百余个，增加了鹤度岭的神秘感。特别是近几年的保护利用，揭开了鹤度岭“养在深闺无人识”的神秘面纱，成为人们度假避暑的好去处。

明崇祯《内丘县志》记载，明代内丘知县郝学诗《鹤度岭》云：“宋庄西巅势峨巍，险绝接天无鸟飞。素羽乘风从此过，千年鹤鸟□□关。”还有流传至今的明代吏部尚书乔宇所写《鹤度岭》：“丹梯平步立青霄，列席崔嵬洒易消。万象俯瞰堆众皱，九霄高拥散群嚣。云根状类浮屠回，石乳香随沆瀣遥。更指西南佳胜处，太行空翠接中条。”清代举人赵其堂《鹤度岭》写道：“鹤度高撑缥缈中，峨嵯山势近苍穹。悬垅有路羊肠绕，古戍夫人雉堞空。出岫浮云随意白，经霜秋叶向人红。前人莫道评题错，锦级天然夺画工。”这些诗词，成为鹤度岭的宝贵文化遗产。

凌霄山

凌霄山为鹊山山脉一主峰，又名中岩山、上凌霄山、灵霄山，

位于县城西偏南35公里处，属太行山一支脉。因山峰峭拔、直插云霄而得名；又因其位于鹊山、胡姑垴之间，又称中岩山。

明成化《顺德府志·内丘县》记载："上凌霄山，县西七十五里，其峰峭拔插空，故名，上有寺。"清光绪三十二年（1906）《内邱乡土志》记载："凌霄山，在县西北七十五里獐貘区，山形峭拔，直入云际。"清光绪三十三年（1907）内邱县地图标注为"中岩山"。1996年《内邱县志》记载："中岩山，亦称凌霄山，《山海经》称为'敦舆山'，胡姑垴东3公里处，和邢台县交界。汉末张燕领导的农民起义军所建的城墙、水牢、点将台、跑马场等遗迹尚存……据光绪三十三年（1907）内邱县老地图记载，当时本县还领有今邢台县境内的上凌霄山（中岩山）、于家沟、翟沟，……1947年4月，又将上凌霄山（中岩山）、于家沟、翟沟，划归邢台县，……"2006年《内丘县志》又记载："1948年夏，将南寺沟村（18户农民）划归邢台县。"

↓凌霄山

凌霄山，山峰峭拔，直入云霄；重峦叠嶂，蜿蜒起伏；河流沟溪，纵横交叉；奇石古洞，随处可见。这里景色宜人，四季分明。春季，漫山遍野，百花争艳；夏季，瀑溪潺潺，星罗棋布；秋季，柿红栌黄，层林尽染；冬季，雾凇冰挂，松柏如黛。

凌霄山主峰中岩山，地势险要，易守难攻，是汉代黄巾军寨所在地。凌霄山寨遗址为河北省文物保护单位，寨墙、寨门、点将台、张角地宫、练兵场、杀人场、水牢、八角井、扳倒井、金桥、旗杆石、黄卡、演武场保存完好。内丘县境内与黄巾军有关的张角寨、大西寨、半坡凹寨、吉了寨、石门寨、铁寨、寒山垴寨、周王寨、牛王寨、黑山军寨等遗址尚存，并留下了黄岔、寨门沟、十方等村庄。

↑ 汉代黄巾军寨遗址

凌霄山汉风古韵，遗迹众多；名人贤士，隐逸之地。这里寺庙林立，香客云集，有老神庙、老神奶奶庙、悟空庙、一佛殿、二佛殿、三佛殿、送子奶奶殿、大悲庙、玉皇殿、睡佛殿、凌霄寺、南寺塔、皇姑庙等，素有“道教圣地”之称。

这里的一山一石一洞，都烙下了黄巾军的印记，并被赋予了鲜活生动的神话传说。

明嘉靖《顺德府志》记载，宋代徐丁权题诗《宿凌霄寺听琴》；清康熙《内丘县志》记载，唐代著名诗人于鹄题诗《过凌霄断天谒张先生祠》，还有于鹊流传至今的《早上凌霄第六峰入紫溪礼白鹤观祠》《哭凌霄山光上人》等诗词，成为凌霄山的宝贵文化遗产。

鹊山

鹊山为鹊山山脉主峰，又名蓬山、蓬鹊山，位于县城西 30 公里处，属于太行山脉东麓的中山。

唐《元和郡县图志》记载：“鹊山，在县西三十六里。昔扁鹊同虢太子游此山采药，因名。”宋《太平寰宇记·卷五十九》记载：“《水经注》云‘中丘有蓬鹊之山’。”唐太和九年县城迁址。明成化《顺德府志》记载：“鹊山，在县西南六十里，昔扁鹊封此山。”明崇祯《内丘县志》记载：“赵简子即中丘之蓬山，赐扁鹊田四万亩。古‘蓬’作‘逢’，俗误呼为‘峯’。山城西六十里，山颈有白石如鹊，东向高竦为鹊头，西背低平为鹊尾。昔有驻兵其巅者，敌仰攻不克。潜觅其尾遂破之。山形如鹊故名。鹊后乃合，蓬鹊为一，而呼之。”

鹊山自然风光秀丽，四季分明，山清水秀，气候宜人，物产丰富。早春，桃花烂漫，杏花争艳；盛夏，山泉叮咚，山岚旖旎；暮秋，农家挂柿，满山栌红；隆冬，雪山冰壁，银装素裹。这里有植物千余种，其中药材达 889 种，是全国中医药材品种较多的分布地之一；有多种动物，矿产资源丰富。这里的奇山古洞、秀水灵石与扁鹊息息相关，每一座山峰，每一处岩洞，每一条山沟，甚至每一棵古树，都留下了扁鹊及其弟子们的动人传说。

鹊山玉带，位于鹊山东坡半山腰，海拔高度在 660~680 米，陡立的山崖间，环山水平裸露着一条长数公里、厚达 20 米的白色石英和长石的侵入岩层。远望鹊山如黛，而侵入岩层似玉带蜿蜒盘绕山崖间，形成罕见的“鹊山玉带”之天然绝景。

鹊山主峰太子岩，明成化《顺德府志》记载：“龙腾山，在县西七十里，世俗传，扁鹊将虢太子采药游此，故名。上有太子岩。”清康熙《内丘县志》记载：“在鹊山顶，周虢叔之后，虢太子弃国从扁鹊游，于此修真，内有太子卧石，长六尺，手、足、肩、背宛然。”传说，虢太子曾在主峰南侧太子凹修炼居住，故名太子岩。太子岩顶峰莲花峰海拔 1141 米，是太行山脉距平原最近、落差最大的千米以上山峰，由数个峰石组成，远望似含苞欲放的莲花。传

↓ 鹊山玉带

说，菩萨用莲花座接走寻药救人失足落崖的虢太子，而得名莲花峰，亦称莲华峰。自然崖壁阳面阴刻“莲崋峰”。站在莲花峰顶：西望，茫茫太行，蜿蜒起伏，群峰如涛；东眺，千里沃野，水平如镜，生机勃勃。每到春秋雨后，多出现漫山云雾。站立峰端，头上蓝天如碧，脚下白云涌动，云海波涛势如万马奔腾，蔚为壮观；群峰皆笼罩在雾霭朦胧中，更使这名山胜地显出恬静神秘之美。待云雾散尽，只见翠峰林立，使人犹如置身于仙境。

明崇祯《内丘县志》记载，元代监察御史刘郁题诗《鹊山》：“鹊山高与碧云齐，渡水沿冈路欲迷。日暮马羸鞭不动，绿云深处乱蝉嘶。”明代顺德府知府孙锦两首题诗《鹊山（其一）》：“春深花始见，水落地仍沙，鸡报荒村午，山行一径斜。石梯樵子路，土穴野人家，民瘼关心切，空惊两鬓华。”《鹊山（其二）》写道：“十年不到万山巅，海岱平分淑气连。樵径雨余云出没，僧居风定月婵娟。神医庙古青松下，太子岩高碧落悬。对坐已忘蕉鹿梦，迟归应遇烂柯仙。”

鹊山古迹众多。汉唐以来，建有扁鹊殿、后土殿、玉皇殿、三清四御阁、老君殿、财神殿、鹊山圣母庙、三山圣母庙、云峰庵、清泉寺、兴化寺、龙兴寺、妙音寺、佛爷殿等佛、儒、道三教融合的庙寺殿庵数十座，俗有“大庙七十二座，小庙多如牛毛”之说；建有回生桥、西越桥、中越桥、东越桥、玉皇皋桥、皇迷桥古桥六座；“我欲振衣”“雷乔谈禅处”“莲崋峰”摩崖石刻三处，石雕碑刻达百余件。

鹊山因医祖扁鹊而名扬天下，各种神话传说、历史故事也很多。许多文人墨客留下大量歌赋诗篇：明成化《顺德府志》记载，明代顺德府通判商山孔鉴的题诗《鹊山祷雨》《太子岩龙潭祷雨》；明嘉靖《顺德府志》记载，明代顺德府知府孙锦的《鹊山》、知府高迁的《鹊山》、通判王程的《和鹊山韵》等题诗；明崇祯《内丘县志》记载，金代著名诗人元好问的《咏鹊山》，元代监察御史刘郁的《鹊山》，元代翰林学士王鹗的碑诗《蓬山苍苍》，明代太仆少卿吴忱的《登蓬山》，明代顺德知府孙锦的两首《鹊山》，明代顺德府知府高迁的《次前韵》《太子洞》，明代顺德府知府刘应节的《登太子岩未及顶》《再登太子岩》，明代本学训导贾梦龙的《鹊山道中》，明代顺德府推官周恪的《下太子岩》，明代监生冀禹臣的《鹊山道中》，明代学博刘文会的《鹊山秋》等题诗；清康熙《内丘县志》记载，明代顺德知府孙锦的《游鹊山》，明代顺德知府孙鼎的《登鹊山》，元代监察御史刘郁的《游鹊山》，清代邑庠廪生耿清的《蓬山》等题诗；1996 年《内邱县志》记载流传于民国时期的《内邱八景歌・太子岩》。碑诗还有：元代太医院提点颜天翼的《鹊山拜谒》；元代邑人、理学名士、翰林待制同知诰兼国史院编修官刘德渊的《鹊山拜谒》；明刘德渊之子刘朴的《鹊山拜谒》；明崇祯二年（1629）季春内丘知县雷鸣时的《登太子岩》。

经过不断的修复重建，特别是交通的极大改善，鹊山已经成为游客流连忘返的朝山游览风景名胜区，并被誉为扁鹊行医圣地，扁鹊文化发祥地。扁鹊庙被列为全国重点文物保护单位、国家 AAAA 级旅游景区、全国中医药文化宣传教育基地。

太行山

内丘县西部山地属太行山中南段，灵秀壮美，历代名人贤士到此寻访探幽。清康熙《内丘县志》记载宋代文学家苏轼题诗《过内丘》并加序："予初赴中山，连日风埃，未尝了了见太行也，今将适岭表，颇以示是为恨。过临城、内丘，天忽晴澈，西望太行，草木可数，岗峦北走，崖谷秀杰。忽悟叹曰，吾南迁其速返乎，退之衡山之祥也。书以付迈，使志之。'逐客何人着眼看，太行千里送征鞍。未应愚谷能留柳，可独衡山解识韩。'"明代内丘县令莫是元题诗《望太行山》（县署仪门外，仆地残碑，诗及书法断为两绝，惜岁月无考）："太行雄朔郡，万古岭如斯；表里称天险，东西划地维。疏峰云不断，绝蹬马堪迟；望望心应折，愁闻出塞诗。"明崇祯《内丘县志》记载，明代乔中方题诗《山游》："石迳崚嶒衬碧苔，探奇兴尽带云回。野衲骑驴寻酒去，牧童横笛送诗来。"

忧心山

忧心山，又名孤山、内丘山，位于县城西约八公里处。宋《太平寰宇记·卷五十九》记载："孤山，在县西北一十七里。其山孤峙，天宝六年敕改为内丘山。"清康熙《内丘县志》记载："孤山，又为忧心山，分三支。虢太子思亲处，故名忧心。"并记载清代士大夫江苏嘉定人叶恂卿题诗《登虢太子忧心山》："岩虢忧心路转东，江南一样杏花红。望云满眼相思泪，洒向群山杳霭中。"

流淌故事的绿水

内丘县境河流均属于子牙河系，滏阳河上游支流，总长度102.5公里，有小马河、白马河、白沙河、李阳河、泜河五条主要河流。

小马河

小马河，上游流经河段分别称九龙河（襄水）、柳林河、马河、西庞河、东庞河、小马河，县境流长达35.25公里。明崇祯《内丘县志》记载："城南十里为小马河，发源自龙腾山下，东流至九龙岗，会任庄、和庄之水，经柳林、交台为马河。昔人见白马东行，次日，潦水循马迹奔流，故名。转而南合近郎之南河为西庞河。折而东为东庞河。至张沱分为二，其东下者为小马河，经小马村决而南者，傍铁顶墓抵垒东，合流至夏侯村，散于田。"又记载："九龙河在鹊王庙前，西山一派九水合流于此，故名。"九龙河古称襄水，明成化《顺德府志》记载，明代顺德府编修黄谏《过内丘有感》中诗句云："襄水波光含日月，太行云影落松杉。"

↑ 小马河牛王庙段之冬

元至元二十年（1283），平章政事不忽木任燕南河北道提刑按察使，因病恳祷于扁鹊庙，留下两首诗作：《九龙河》和《鹊王庙》。明崇祯《内丘县志》记载的元代翰林学士王鹗碑诗《蓬山苍苍》中有诗云："蓬山苍苍，襄水洋洋。"

传说，扁鹊为治鹊山一带瘟疫熬汤药用干井水，感动天上九龙卧地吐水，形成九龙河。又传说，晋大夫赵简子在鹊山治好病后，其子赵襄子受父亲之托到鹊山答谢扁鹊，曾饮九龙河之水，故名襄水，又称襄河。

↑ 白沙河

泜河

泜河古称泜水，俗称脂沟，源头有三支，自西向东流经域内，全长 60 公里。这里有仰韶和龙山文化遗址，商城周邑，唐代邢州窑场，是中华文明发祥地之一。流域昔日有民谚："九沟十八汊，三断绿阳河。"这"三断"是说泜河有三处断流现象：第一断在临城县澄底村，第二断在内丘县中张村，第三断在隆尧县东山南村。当河水流至这三个地方，河面水量忽然减少，渗入沙层，形成地下河，伏流几里地后再涌流出河床，恢复常态。《山海经》载："敦舆之山，泜水出其阴。"春秋战国时期的"敦舆之山"，即今凌霄山。清康熙《内丘县志》记载："城北三十里为泜水河，即尹村河，韩信背水破秦兵处。《山海经》注云'泜水敦舆之阴，经中丘东流入漳'。发源自鹊山西南胡姑垴，由烟南獐磨（后改为岩南獐貘）北至石关，会临城西北诸水东下，经塞底至临城县南，又会西北诸水，合流至尹村，势欲滔天，抵唐山县西门，转而南东流入漳。此鹊后第一川水也。”

泜河为秦末韩信与张耳擒赵王歇、追杀陈馀的古战场，被称为“背水一战”结束之河。历代名人写下许多泜河诗篇。唐代诗人胡曾《泜水》诗云：“韩信经营按镆铘，临戎叱咤有谁加。犹疑转战逢劲敌，更向军中问左车。”明代都察院右都御史乔壁星《泜水》诗云：“平川斜月落沙鸥，几见桃花逐水流。风暖细春芳草绿，云低遥罩野棠幽。情飘峻岭千峰外，思绕古城百雉头。浩歌危步石堤上，赋尽烟波无限愁。”清代“扬州八怪”之一郑板桥《泜水》诗云：“泜水清且浅，沙砾明可数。漾漾浮轻波，悠悠汇远浦。千山倒空青，乱石兀崖堵。我来恣游泳，浩歌怀往古。逼侧井陉道，卒列不成伍。背水造奇谋，赤帜立赵土。韩信购左车，张耳陋肺腑。何不赦陈馀，与之归汉主？”

↓ 鸟瞰泜河

承载记忆的秀木

特殊的地形地貌，孕育出数不胜数的古树名木。先民在这里繁衍生息，历经朝代更迭、世事沧桑，使千年古树成为承载着历史记忆、见证着自然环境变迁的内丘文明发展的活化石。

扁鹊庙区的古木有九龙柏、凤柏、龙爪柏、扣柏、楸树、杨树、红荆树、酸枣树，文庙的古柏，牛王庙的古柏群，且停寺的白果树，以树立村的槐树、柳树、槲树，因产“邢枣仁”而闻名全国的酸枣树，宋著名诗人范成大过内丘感叹“梨枣从来数内丘”的梨树、枣树，还有与人们息息相关的黑枣、核桃、板栗、杏、桃、杨、椿、榆、楸、橡、桑等树。历经千百年，人们不但赋予这些古木神奇灵

↓ 九龙柏

异的传说，还留下许多古诗名篇。

九龙柏

九龙柏，即九龙桥石柏，位于内丘县城西 25 公里的神头村西扁鹊庙前，呈一字排开，犹如扁鹊庙的迎客柏，欢迎远来的客人，成为一道亮丽的风景。

九龙柏生长在巨大山石上，盘根错节深扎在石缝中，自北而南依次排开，高矮、粗细、大小不等，苍劲挺拔，繁茂葱翠，似九条巨龙立于天地之间，始终守护着这一方百姓。据考证，九龙柏为一次栽种的侧柏，树龄在 1500 年左右，为河北省唯一的千年以上的古树群。它集年代之久、数量之多、生长环境之奇三大奇观于一身，在国内实属罕见。

清康熙《内丘县志》记载题九龙柏诗两首。明代新城训井陉训蕃宗学内丘人崔数仞题诗《咏九龙桥石柏》：“柏生山石石生柏，根入石山山作根。山石柏根同一体，石山不老柏常存。”清代内丘县令徐祚增题诗《九龙桥石上古柏》：“古柏何年植，根蟠石隙生。虬枝何妖娇，似与九龙争。”

传说，九龙柏是扁鹊九个弟子的化身。

史志记载的其他古树和诗词

内丘古柏 明嘉靖《顺德府志》记载，南京兵部尚书刘龙过内丘题诗《题古柏》：“古柏凌霄不计年，柯容蝼蚁色苍然。清标惯历风霜苦，晚节还同铁石坚。惊世文章元未露，济时梁栋本难迁。昂藏自是人间瑞，漫用摩挲叹弃捐。”

扁鹊庙区三楸四杨 明嘉靖顺德府知府张元孝拜谒扁鹊庙曾赋诗："前朝庙貌枕山巅，金碧辉煌鼎焕年。林涧古杨蟠黛色，当阶瑶草带苍颜。枝臻神品由天授，思入玄机夺化权。我有灵丹人不识，用时还解寿颠连。"传说唐代尉迟敬德奉旨监修扁鹊庙时，三棵楸树结角可食，庙修毕，楸树角即苦涩不能食。中华人民共和国成立前夕，三棵楸树毁于大火，四棵杨树砍作他用。

且停寺千年银杏树 银杏树俗称白果树。据记载，树粗八人合抱，树冠一亩，其树根虬结盘错，树身苔藓鳞皱，枝叶葳蕤葱郁，果实色白如银，树龄千年有余。昔日有民谣："白果树，真罕见，坐在树上打牌玩。四人打，八人看，卖麻糖的在上转，东枝上敲锣西枝听不见。"惜在20世纪70年代，古树遭雷击，树干火焚；在90年代一次狂风骤起，大树奇貌尽逝，现仅留残断树根。传说春秋战国时期，虢国亡，虢太子到中丘蓬山投奔救命恩人扁鹊，累昏于白果树下，扁鹊的女弟子用白果救醒太子。

↑ 且停寺银杏树（1990年拍摄）

内丘梨树、枣树 据南宋名臣、文学家、诗人范成大撰写的《揽辔录》记载，宋乾道六年（1170），范成大在使金时路过内丘，并留下了两首七绝诗，其一是《内丘梨园》："汗后鹅梨爽似冰，花身耐久老犹荣；园翁指示还三叹，曾共翁身见太平。"诗后还著小注："园户云：'梨至易种，一接变生，可支数十年，吾家园者，犹圣宗太平时所

↑ 鹊山杏花

接。’”另一首是《大宁河》：“梨枣从来数内丘，大宁河畔果园稠。荆箱拢拢拦街卖，红皱黄团满店头。”

鹊山古杏树 鹊山为中医鼻祖扁鹊的赐地，杏树成林，古杏树多达数十株。“杏林”作为中医的代称，在鹊山可谓名副其实。明崇祯《内丘县志》记载，明代内丘训导贾梦龙题诗《鹊山道中》：“旭日淡山色，山家初敞扉。溪声鸣佩玉，云气薄征衣。杏子当风小，梨花过雨稀。游人抱清赏，不忍见春归。”明代内丘监生冀禹臣题诗《鹊山道中》写道：“日丽芳郊春草萋，杏园深处好莺啼。一声牧笛苍岩下，吹落残红傲马蹄。”

诗人笔下的奇洞

内丘地貌特殊，在地质构造演变过程中，自然形成许多洞穴。自古至今，人们凭借天然石洞凿神像、修自身，留下古、奇、险、绝的洞景：有赋予扁鹊传说的仙人洞、太子洞、九仙洞、白云洞、扩音洞，有依山凿、塑神像的龙虎洞、老虎洞、老君洞、山凹三教堂洞、吉了寨石窟，有与黄巾军传说有关的朝阳洞、银供岩洞，有附会神话传说的黑风洞、白龙洞、水帘洞、圣佛洞、蝙蝠洞，有岩溶所形成的娃娃殿洞、五指窑洞等。这些洞穴形成了洞中洞、洞连洞的景观，深受历代文人墨客青睐，写下流传千古的美文。

仙人洞

仙人洞，又名秦越人洞、乔家洞，位于鹊山太子凹东南方险峻山腰，在海拔 980 米处，为天然溶洞。传说扁鹊曾在此洞生活居住，研究医学，编写《八十一难经》。明崇祯《内丘县志》记载，唐著名诗人于鹄题诗《秦越人洞中咏》：“扁鹊得仙处，传是西南峰。年年山下人，长见骑白龙。洞门黑无底，日夜惟雷风。清斋将入时，戴花兼抱松。石径阴且寒，地响如远钟。似行山林外，

↑ 仙人洞内石室

闻乘屐声重。低碍更俯身，渐远昼夜同。时时白蝙蝠，飞入茅衣中。行久路转窄，静闻水淙淙。但愿逢一人，自得朝天宫。”

又传，汉代内丘城一乔姓富人出家修行于此洞，并开凿扩修，故又称乔家洞。洞壁上刻文：“余先人讳具考，会刘贼变，以斗粟易石为之，故一时千载，遂成千古奇观。乔钵书。”此为乔钵与其父乔中和于明崇祯二年（1629）同登乔家洞时所刻，记录了乔家先人为避刘贼“以斗粟易石”之价开凿了此洞，“遂成千古奇观”。乔钵，字文衣，工诗，与魏裔介、杨思圣等立诗社，相酬唱，著有《越吟》《苦吟》《剑阁草》《匡蠡草》《燕齐咏》《石钟集》等。乔中和，字还一，内丘县城西关人，明崇祯年间拔贡官至太原府通判，归乡后，静隐其洞，潜心编著经籍，寒暑无闲，频出新解。明崇祯《内丘县志》记载其著有《说易》《说畴》《图书衍》《葩经旁意》《古大学注》《阴符经注》《元韵谱》《大九数》等书籍。传说，乔中和后来修炼成了活财神，称“乔半仙”，他的金银财宝可随人走，民间有许多关于他施财救人的故事。

太子洞

太子洞，位于龙腾山东侧半腰，太子凹内太子楼后，巧借天然悬崖做壁墙，开凿上下两个石洞，洞与洞由外侧台阶相连。上洞墙壁上刻有明顺德府知府高迁题诗：“五云连石阁，万象俯平川。羽翰青霄上，凌风驭列仙。”此诗以《太子洞》之名，收录明崇祯《内丘县志》中。此洞中原有太子像，清康熙《内丘县志》记载，明代襄平（今辽宁辽阳市）人洪敷教曾赋诗《瞻虢太子遗像》：“为问天台路，追陪五马兴。扪萝霄汉近，烹茗洞烟生。丹灶千年古，蜕遗一羽轻。脩然怀远望，何处是蓬瀛。”上洞口右侧崖壁刻有“顾绶、周济用、周恪同登”“关中黄元卿来登”“万历九年三月十二日平定王儒民宁宋昂同登”等五处摩崖石刻，据此可知明嘉靖、万历年间府县官员曾来此览胜。传说，虢太子拜师扁鹊，在此洞学医修行。

↑ 太子洞与太子楼遗址

白云洞

白云洞，位于鹊山东坡。清康熙《内丘县志》记载：“白云洞，在鹊山巅，东向，时有白云出焉。”明崇祯《内丘县志》记载，明内丘县通判韩原性题诗《白云洞》：“石洞色苍苍，杳杳深而敞。坐来眼界宽，江山如指掌。下有无名草，上有蛛丝网。徘徊不敢啸，一啸万壑响。美矣仙子居，使我长景仰。安得凌风翼，住此恣游赏。”

九仙洞

九仙洞，位于卧佛山南缘绝壁半腰，是由裂隙流水冲刷而成的九个天然洞穴。清康熙《内丘县志》记载：“九仙洞，在天台山半崖，俯临涧壑，下窥无际。”明崇祯《内丘县志》记载，明代内丘人副使王彦民题诗《九仙洞》：“乾坤何处觅丹方，古洞深沉背夕阳。松入五云阴漠漠，苔封一径迹茫茫。九仙信是蓬瀛侣，千载宁无姓字扬。莫把桃源谩相拟，桃源已自属荒唐。”传说，扁鹊曾在此洞医好九位女子的疑难病症。

充满灵性的绝石

石头具有坚硬耐磨、性质稳定的自然特性。自古以来，文人墨士就喜爱把大自然独特的品质，作为人类精神的象征物。内丘山高石多，大自然的鬼斧神工，造就了许多形似炕、手、人、蛙、柜、瓮等怪、奇山石，被人们赋予神奇传说。

石炕

石炕，又名手术石，位于南赛乡神头村扁鹊庙北，瓮山脚下，为一块天然巨石，方正平坦，宛如石炕。东西长 5.16 米、南北长 4.98 米、厚 1.93 米。传说，扁鹊为救突发绞肠痧的虢太子在此石做手术，留下洗肠沟、捞肠沟、石炕遗迹。石炕上红白相间的石质结构，传说为虢太子手术时流出的血迹。

↑ 石炕

↑ 五指石

五指石

五指石，位于南赛乡神头村西南卧佛山西侧，酷似一只掌心面东举起的左手，五指、指节、指纹清晰可辨，人们称之为“五指石”。传说，是佛祖为传扁鹊寸口诊脉医术，睡姿身形化为卧佛山，左手手影化为五指石。

洗肠石

清康熙《内丘县志》记载：“洗肠石，在西丘后河，佛图澄洗肠处。”明崇祯《内丘县志》记载：“仙释，佛图澄，西域人，姓帛氏。诵经数万言，咒役鬼神。每以麻油杂胭脂涂掌，千里外事皆澈见掌中。听铃音言未来事，无不验。左乳旁一孔通腹内，时出肠洗之，常塞一絮，遇夜扯絮，一室洞明……”清代内丘县令徐祚增题诗《洗肠石》：“神僧卓锡地，有石存今古。持以砺世人，洗肠清肺腑。”

中国民间文化遗产抢救工程
THE PROJECT TO CHINESE FOLK CULTURAL HERITAGES

内丘流风遗存，别有洞天，是一块传承文明的土地。千百年来，先民们在这块古老的土地上繁衍生息，用聪明才智留下了智慧结晶。自中华人民共和国成立至今，相关部门对全县文物进行了多次普查，有 72 项分别被公布为国家、省、市、县各级文物保护单位。

→汉代张夺遗址发掘区航拍图

第三章
古迹名胜

古遗址·古墓葬

内丘史前时期地处太行山脉和古黄河之间。在这片热土上，曾留有远古生物及人类活动的遗迹和遗物，出土了鸵鸟蛋化石和象牙化石，发现了旧石器时代人工打制痕迹的燧石、石英片石，还发现了新石器时代仰韶文化、龙山文化器物标本。

古文化遗址

内丘随着历史变迁、岁月更迭，先民们留下的遗迹大都湮没埋藏在地下，少数在地面上残存的一些高台殿基或残垣断壁，也都沦为废墟。面对因文化堆积而隆起的地面，面对散落在地上历经几千年的陶片，抓一把土就是文物，捡一块瓦就是历史，诸如郭家庄苇地沟、柳林东岗、刘家庄南等旧石器时代晚期遗址，王交台、近郎等新石器时代遗址，前鲁亭、柳林、西周村、陈家楼、蔡庄、赵庄、石家庄、张家庄、张夺等商周战汉时期遗址，西张麻的汉唐宋金时期遗址，前李阳、武家庄、郝家赛、西南光等唐代遗址。几千年的沧桑，几千年的沉寂，几千年的落寞，那深埋地下的古文化遗址，不仅是远古的呼唤，也是历史的见证。

↑ 柳林东岗旧石器时代晚期遗址

柳林东岗遗址 旧石器时代晚期遗址，内丘县文物保护单位。位于柳林镇柳林村东的高阶台地上，南临隆昔公路，距小马河约50米，阶地南缘剖面高十余米，顶部有局部坍塌，中部为黄色粉沙、垂直节理发育，下部为红褐色沙质黏土，含少量砾石，共发现石制品五件，类型有石核、石片等。

张夺遗址 汉代遗址，邢台市文物保护单位。位于大孟村镇张夺村东、南水北调工程西侧，由遗址和墓葬区两部分组成，发掘面积4000平方米。主要文化遗址以陶窑为主，其他为灰坑、井、沟、沉淀沟池等遗迹。出土器物主要有大宗陶板瓦，陶筒瓦次之，盆、罐、釜、炉类日用器较少。墓葬区均为战汉时期的平民墓葬，出土了具有地方葬俗特点的成组随葬品。

↓ 近郎新石器时代遗址

中丘驿遗址 驿站是古时专供传递文书者或来往官吏中途住宿、补给、换马的处所。中丘驿，即为古代在中丘设置的驿站。明崇祯《内丘县志》记载："中丘驿，在县治东南，皇华馆一所，驿丞宅一所，彭焕建。"2006年《内丘县志》记载："汉高祖七年（前200），制定了邮驿法令，把邮、亭、传统一为驿，每5里设邮，10里设亭，30里设驿。中丘设有驿站。"清康熙《内丘县志》记载了中丘驿驿丞、书办、皂隶、递运所大使、防夫、馆夫、驿递等的人数和俸薪数额，驿所马骡品种、数量、费用开支及各县分摊数额，驿场草、驿仓费用开支等情况。清初，朝廷派驿，协济管理。"中丘驿为内丘、巨鹿、广宗、唐山（今隆尧县）、任县公共之驿。……一遇差繁而他县皆逃，独苦内丘矣。"清顺治四五年间，内丘知县上书陈述困境，按台桑芸"因地制宜，定为各按马数分日行差之法，每五十日，内丘十三日、巨鹿十二日、广宗十日、唐山五日、任县十日，周而复始"。顺治十六年（1659），任县吴某轮值到驿，认为内丘占了便宜，著"八辩"一册，上奏朝廷。内丘知县汪宗洙用《原制辩辩》《奉裁辩辩》《重驿辩辩》《包递辩辩》《应役辩辩》《勒索辩辩》《铺递辩辩》《递夫辩辩》等"八辩辩"据理力争，也上奏朝廷。最后，抚台王登卿奉旨裁定，依旧制施行。清康熙四年（1665），唐山生员又提异议，经道府审议裁定，仍照旧制施行。从这些轮值争辩中可知，当年中丘驿的繁忙景象。清光绪三十一年（1905），京汉铁路建成通车，中丘驿逐渐退出历史舞台。现今遗址无存，只在史志中留有记载。

邢窑遗址 北朝至宋金时期遗址，全国重点文物保护单位。位于太行山东麓的丘陵和平原一带及李阳河、小马河流域。1984

年文物普查时，在境内东起白家庄，西到西丘，北到瓷窑沟，南到冯唐，方圆约 130 平方公里的冯村、永安、城关、五郭店、北岭五个乡镇区域内，发现窑址有西关北、西关西、西关西北、加工厂、收购站、城关卫生院、外贸、北大冯、南岭、中冯洞、西丘、双流洞、冯唐、白家庄、张家庄、河村、宋村、小马等 28 处，在窑址上采集了大量的窑柱、垫圈、支钉、匣钵等窑具和细白瓷标本。1985 年 12 月 9 日，中国古陶瓷研究会会长冯先铭带领 11 名专家到内丘，对古窑址进行了考察、鉴定，认为烧造时间跨越北朝至宋金时代达近千年。1996 年 11 月，邢窑遗址被国务院公布为全国重点文物保护单位。2013 年 4 月，邢窑遗址发掘项目入选“2012 年度全国十大考古新发现”。

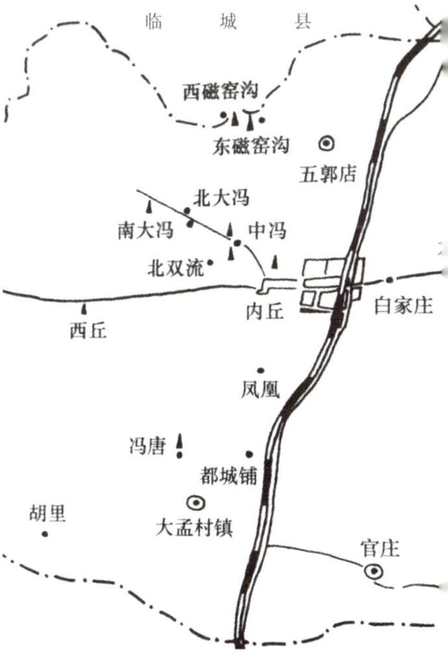

↑ 邢窑遗址分布示意图

古墓葬

墓葬，作为人类一种文化行为和现象，伴随着华夏文明的诞生而延续至今。它的起源与发展，是随着当时人们对生命终结思维方式变化而变化的。同时，也派生出许多其他文化现象，给后世造成了极其深远的影响。它既是地面文化的补充，又是

↑ 西丘邢窑遗址

↑ 中冯洞“绕儿台”邢窑遗址

中国几千年历史的缩影，极大地丰富了传统文化的内容。内丘钟灵毓秀，地杰人灵，人才辈出，史志记载的古墓达百余座，已列入各级文物保护单位的有 14 个，包括程本、韩厥、张宾、邢侯夫人、冯唐、张耳陈馀、左相、和羹等名人墓，宋代王氏家族墓和张夺、蔡家沟、北永安、凤凰、官庄火车站古墓群等。

↑ 汉代官庄火车站古墓群

韩厥墓 河北省文物保护单位。清光绪三十二年（1906）《内邱县乡土志》记载："飞燕墓，在吴村西，相传为晋韩厥墓，而号为飞燕，又呼为擀面台，候考。"位于大孟村镇吴村西500米处，原封土高10米。1970年，动用该墓封土造水渠，将墓室挖开，致使1号墓室及墓道遭到破坏。出土了石房屋模型2个，铜鹤1只，五铢铜钱数枚，铜车饰及玉衣片、陶片等物，惜大部遗失。地面神道前曾有石刻神兽，在民国年间流失海外。韩厥为春秋时期晋国上卿，曾与程婴保护、扶持"赵氏孤儿"赵武为赵王。根据出土遗物与前记有异，待考。

邢侯夫人墓 内丘县文物保护单位。位于金店镇塚疙瘩村西北，有两座墓冢南北对峙而立，相距约30米，墓冢上及两墓封土间，当地村民建有十余座小庙，四周为地势平坦的农田。清康熙《内丘县志》记载："邢侯邢夫人墓在城东十五里，以南北对峙，故村名塚疙瘩云。"清乾隆《顺德府志》也记载："邢侯邢夫人墓在城东十五里。"现展于英国大不列颠博物馆的邢侯簋，即为从内丘出土而流失海外的。1970年，两座墓均被挖掘，墓门、墓室遭到彻底破坏。二墓均坐北朝南，青石质墓门，青砖拱券式墓室。南墓门上方置一青石条，上面雕刻马拉车图案。北墓门上刻有"陈留太守李君车"七字。出土文物有金丝三克，铜质方印一方，印面篆刻"李咨印信"四字。根据出土遗物与前记有异，待考。

凤凰村古墓群 汉代墓葬，内丘县文物保护单位。位于内丘镇凤凰村周围，故名。原有封土墓葬14座，其中6座在1960—1969年封土相继平掉，1号墓在1966年墓室被掘。2009年"南水北调"中线工程对凤凰墓群周围进行文物勘探和发掘时，发现无

韩厥墓

宋代凤凰村古墓群
仿木结构墓室

汉代凤凰村古墓群
墓室门

邢侯夫人墓祭祀活动

宋代王氏家族墓地出土的墓志铭拓片

宋代王氏家族墓地出土的墓志铭盖拓片

封土墓葬43座，个别为石砌墓葬，墓室多为青石砌筑，结构有耳室等。文物普查时在凤凰村曾发现石神兽残骸。

内丘王氏家族墓地　宋代墓葬，河北省文物保护单位。位于五郭店乡张家沟村东，南北长300米，东西宽130米，占地面积39000平方米。整个墓地地形呈缓坡阶梯状，西高东低，东南隔涧沟与鹞子山相望，无封土、碑石等，地表有灰砖、瓦片等遗物。经调查该墓地曾出土《王翲墓志》《江氏墓志》《王康墓志》《向氏墓志》《张氏墓志》，还出土带盒的端石抄手砚，说明该墓地早年多次被盗。考实几方墓志整理出珍贵资料，使王氏家族的世系更加完善：王氏家族有七代可数，王盛、王忠信、王璘为王氏家族的前三辈；王翲（978—1041），字总之，王氏兄弟的祖父，《宋史》有传，官至工部侍郎、知枢密院事（三品），赠户部尚书，谥忠穆，其为第四代。可见，王氏家族的崛起应始自王翲。第五代王翲之子王正思曾做监主簿（早亡），次子王正路，官至右赞善大夫（五品）。第六代王正路长子王蘧（？—1089），字子开，官至中奉大夫，曾任秀州（今江苏江阴）、涪州（今四川涪陵）知州（正四品），妻向氏，与苏轼、苏辙关系密切，诗文、信简交往较多；次子王适，字子立，未仕，妻苏氏，为苏辙之次女；季子王遹（1057—1104），字子敏，官至奉议郎，曾为河南府陵台令，妻江氏，为直龙图阁、左司员外郎、赠右谏议大夫江公望之妹；王康（1086—1110），字彦国，王蘧第五子，官至将仕郎，苏州昆山县尉（九品），妻蔡氏。王氏家族为北宋时期河北一望族，此墓地主人祖籍为赵州临城县龙门乡两口村。王氏兄弟（王适、王遹）系王氏第六代子孙，兄弟二人是苏轼、苏辙的学生、诗友和亲戚（王适为苏辙的女婿）。在北宋时期四代世系为官，并与当时北宋的苏氏、韩氏、宋氏、向氏等四大家族都有姻亲关系，堪称名门望族，尤其王氏与苏氏家族的姻亲关系，对研究苏轼有着深远意义。

古君子墓 为清代墓葬。清康熙《内丘县志》记载："古君子墓，在古圣域西半里许，封君和孟春墓也。以知县王秉乾旌为古君子，故名。葬后附冢产奇花三本，香气袭人。本府太守史树骏，邑令刘宗孟、汪匡鼎，乡绅韩梦愈，俱有题诗（诗名皆为《咏古君子墓异花》）刻石，大学士魏裔介撰表。"魏裔介在《含淳和公墓志铭》曰："和孟春，号含淳，内丘人。家道萧条，佣身养母为孝，教子严但不做打骂之事为慈，待弟友爱为睦，家清贫拾遗金还失主为高洁，见村内老少皆施礼为谦逊，其子和鼎实为官，家景好转还不忘种地为勤俭。知县王秉乾闻其贤，请作乡饮耆宾，三请不授，旌其门曰'古君子'。其生于明万历庚辰，卒于清康熙壬寅，享年八十三岁。"清道光十二年（1832）《内邱县志》记载，顺德府知府杨于廷为和孟春之子和羹（字鼎实）撰墓志铭《江南徐州刺史和公墓志铭》。清康熙《内丘县志》记载，清代淄川进士宗仁府丞高珩题诗《题古君子和公墓》："康熙七年三月奉勅祭湖广各陵，经过内丘，为含淳先生赋。事实详墓志。世间异事原尔尔，无渐绰禊古君子。白壁瑕惟香泽闻，纫安晏起还如此。千载金提一刻惊，洋洋丹旌浮空行。冢产奇花名八佛，芬如蘑蔔紫云英。明童绛节金闾路，撤瑟风舆含笑去。八百余年一进阶，为君细检丹台录。"

先祖的智慧结晶——古建筑

内丘琼楼玉宇，是一块创造文明的土地。自古以来，先民们用勤劳和智慧在这块富庶的土地上，建寺庙，修观庵，搭戏楼，筑桥皋，造石塔，立宗祠，盖房屋，展现了巧夺天工的建筑艺术风格。

庙

庙是中国古人祭祀天地鬼神的地方。最早的“庙”是指祭祀祖先的场所。内丘历史悠久，庙成为一个村的文化传承标志，309个村庄村村有庙，如土地、山神、三官（天、地、水）、火神、风云雷雨山川坛等自然神庙，三皇（伏羲、神农、黄帝）、哥姐（伏羲、女娲）、古圣域（伏羲、神农、黄帝、尧、舜、禹、汤、文、武九圣君）等神话中的祖先庙，文庙（孔子）、扁鹊、关帝等祖师英雄庙，以及玉皇、东岳、奶奶（后土、碧霞元君）、牛王等民间俗神庙。保存较好的扁鹊庙、东岳庙、药王庙等，已分别被列入国家、市级文物保护单位。

扁鹊庙群　又称鹊山祠、扁鹊祠，位于南赛乡神头村西，鹊山脚下，坐北面南，背山面水，负阴抱阳，南临九龙河，北靠煤山，占地面积82000平方米。原有单体建筑27座，即中轴线上的回生桥、桥楼、山门、献殿、扁鹊殿、寝宫殿、后土前殿、戏楼、后土总司殿，中轴西侧有碑楼、百子殿、西厢房，东侧有药王殿、玉皇殿、老母殿、老君殿等。现存建筑尚有15座。三大主体建筑——玉皇殿、后土总司殿、扁鹊殿，采用了天地人“三才”布局。周围群山环抱，古柏参天，为境内一奇观也。民间有“大庙七十二座，小庙多如牛毛”之说。

扁鹊庙，又称扁鹊殿，为明清建筑，全国重点文物保护单位，是尊崇、祭祀扁鹊最集中的场所。始建不详，史料记载汉唐已有，历代均有修葺。最早记载见于北齐《魏书·地形志》：“中丘前汉属常山，后汉、晋属赵国，晋乱罢。太和二十一年复，有中丘城、伯阳城、鹊山祠。”清康熙《内丘县志》记载：“鹊王庙三，一在鹊山下，汉唐已有之，不详始建。宋仁宗玺封神应王，元学士王鹗、明谕德谢迁有记。三月初旬，来祀者方千里，历代诗文不

↓ 扁鹊庙全景

可胜纪。”今存之碑刻，一直把始建年代推前至汉代以前。元至元五年（1268）《国朝重修鹊山神应王庙碑》记载：“汉唐以来，像而祠之者旧矣，五季之乱，数经残圮。周显德中安国军节度使陈思让为重修之，是时碑刻有王称。”历代碑刻都证明，官方均修葺，而且规模越来越大，规格越来越高。现存方志和古碑都有唐、宋、元、明、清修葺记载。

扁鹊庙，坐落在中轴线前部，坐北面南，平面呈长方形，占地面积426平方米。单檐布瓦九脊歇山顶，柱网布局采用减柱、移柱的手法，扩大殿内空间，檐下斗拱44攒，为五铺作双下昂双抄计心造。梁架结构为六椽袱前后对搭牵用四柱，彻上露明造。驮墩雕花美轮美奂。殿外大木构件均采用了清式旋子彩画，色彩调和，更显庄重雄伟。1996年5月，经河北省文物局批准，该殿落架大修，殿内保持原状，柱子、斗拱及大梁保留元代重修时的木料，虽没做彩绘，但过去的彩绘痕迹仍清晰可见，经修缮后仍保留元代建筑风格。原殿内塑像已不存。1998年10月，在殿中央塑造了一尊扁鹊坐像。2000年，在殿两侧塑造了扁鹊十大弟子塑像。

明成化《顺德府志》记载：元平章政事不忽木题诗《鹊王庙》；明崇祯《内丘县志》记载的题诗有：明兵备副使穆伟的《鹊王祠前》，明顺德知府冯善的《谒鹊王庙》，明顺德知府张延廷的《春日过鹊王庙》，明顺德知府郝学诗的《谒鹊王庙》；清康熙《内丘县志》记载：清邑令王匡鼎题诗《谒鹊王庙》。碑诗有：元顺德路总官何得严的《鹊王庙》，元翰林学士王鹗的《蓬山苍苍》，明顺德府知府张元孝的《谒鹊王庙》。历代名人达士留下拜谒扁鹊庙诗词及民间传说故事，成为扁鹊庙的宝贵文化遗产。

东岳庙群 位于大孟村镇东青山村，占地面积 1920 平方米，坐北向南，屹立于白马河北岸的高台之上。明崇祯《内丘县志》记载：“东岳庙三：一在麻庄；一在青山村；一在东门外。旧制大殿三楹，因戊寅之变焚毁，后重新改为一间。”据庙内大清光绪癸巳年（1893）《重修东岳庙关帝庙阎王殿府君殿广生圣母殿龙王殿大悲菩萨二郎太尉庙三门山门三教堂前山门戏楼本村四乡施财碑记》记载，原有建筑从南至北依次为：大悲菩萨庙、戏楼、山门、二门、三门、东岳庙，分布在南北一条纵轴线上。两侧原有阎王殿、关帝庙、广生圣母庙、府君庙、龙王庙、二郎太尉庙、三教堂等建筑。复修新庙有广生圣母庙、关帝庙、府君殿。现该庙仅存三门、东岳庙、大悲菩萨庙、阎王殿四座明清建筑，明清

↓ 明代东岳庙

石碑七通，其他建筑为后建。

东岳庙，为明代建筑，邢台市文物保护单位，供奉祭祀幽冥世界的最高主宰东岳泰山天齐仁圣大帝。位于庙群的最北端，与三门在一条中轴线上，系该庙群的主体建筑，为砖木结构，系单檐悬山布瓦顶，面阔三间，进深三间，占地面积 72.73 平方米。平面呈长方形，大木结构为七梁架，分金柱和檐柱，柱网布局合理，柱 16 根，起着承重作用的梁墩 4 件，均为高浮雕牡丹图案，雕刻精湛，栩栩如生。装修部分现为直棂方窗，均为后添置修补。墙体用灰色青砖糙砌，坎墙高 1.22 米，用灰砖平卧。梁架大木构件及梁枋尚保留苏式彩绘的墨线和红、绿、蓝彩痕迹，殿内东西两山壁还保留着 30 幅壁画，均系单线平涂，工笔重彩，线条流畅遒劲，人物造型生动，题材多为《封神榜》人物故事。东岳庙建筑结构、壁画、碑刻，体现出古人的手工技艺和聪明才智，具有较高的历史价值。

文庙 即孔庙，是中国历代封建王朝祭孔、尊孔以及办学的庙堂。据《宋史》载，唐开元二十七年（739），唐玄宗李隆基为崇奖儒学，特命追谥孔子为“文宣王”。宋大中祥符元年（1008），宋真宗赵恒追谥“玄圣文宣王”，后于大中祥符五年（1012）改谥“至圣文宣王”。明嘉靖五年（1526），明世宗朱厚熜嘉靖皇帝为弘扬理学，教化天下，研读宋代大儒程颐所作《视》《听》《言》《动》四箴，并为这四箴和范俊的《心箴》亲作御注。嘉靖皇帝自己又写了《敬一箴》，共六箴，并《圣谕》国子监及各州府县儒学将这六箴摹刻立石于各府、县学宫（文庙），要求天下士子“一体遵行”。内丘县儒学顺理成章地取得了“七方御书碑”，并建“敬一亭”以保存之。据宋仁宗赵祯天圣四年（1026）五月三日《大宋邢州内丘县新建立至圣文宣王庙记》碑记载：“内丘文庙创建于宋仁宗天圣四年，原址在旧县衙内东侧。”

↑ 内丘文庙古柏

明崇祯《内丘县志》记载：文庙内祀“至圣先师孔子”及四配、十哲、七十二贤。“祭期：文庙春秋二仲上丁日。”“祭典：文庙明初仍元制，塑像冕旒，称‘大成至圣文宣王’，祀用王礼。至成化十二年，始加笾豆舞佾之数，祭以天子礼。嘉靖九年从张孚敬议，改定礼制，曰‘至圣先师孔子’，易以木主，笾豆各损其四，舞以羽籥，用六佾。”文庙礼乐，“正殿礼：三献九拜，乐六佾，帛一、羊一、豕一、鹿一、兔一、登一、铏一、簠一、簋二、笾八、豆八。初献象樽一盛，亚献牺樽一盛，终献云雷樽三盛，爵三，用勺以挹酒。”“乐器：麾一、钟十六、磬十六、琴六、瑟六、凤箫二、箫八、笛八、篪四、笙八、埙四、柷一、敔一、应鼓一、搏拊鼓一、琴弦四、瑟弦二、琴儿四、瑟儿四。”“舞器：旌二、翟三十六、籥三十六、旄播二、舞生袍服三十六、绦三十六。”有钦定祝文、乐章，每年官府还拨付修庙、祭庙银两。从记载中可知祭祀礼之隆重、规格之高。

惜文庙毁于20世纪五六十年代，祭礼已失。在文庙遗址及周边曾出土《大宋邢州内丘县新建立至圣文宣王庙记》碑一通，明代《程子动箴注》《圣谕》《敬一箴》三通御碑，还存有九棵古柏。清康熙《内丘县志》记载，明代邑人崔数仞《题古柏》写道："文庙西北隅有古柏三株，乃汉唐间旧物。嘉靖时有县主欲伐，邑人力争之，乃止。后学博刘文会立石树下，题曰'古柏'。今余复为绝句，总欲保全于后耳。'千载灵株佛杏坛，高抵古干老龙蟠。生来别是华林种，莫作牛山材木看。'"

药王庙 又称三皇药王庙，清代建筑，邢台市文物保护单位，供奉祭祀伏羲、神农、黄帝及十大名医，位于金店镇大辛旺村中。该庙通高5米，砖木结构，布瓦硬山顶。面阔三间，进深二间，占地面积59平方米。木结构为九梁架八椽袱，分金柱、檐柱，脊吻残缺。现庙内存有清代、民国石碑三通。

↑ 三皇药王庙祭祀活动

寺

寺是中国古代的行政单位。“寺”，最初并不是指佛教寺庙，从秦代以来通常将官舍称为寺。在汉代把接待从西方来的高僧居住的地方也称为寺。佛教传到中国后，中国人为尊重佛教，将佛教建筑专称为“寺”。内丘受佛教影响，明清《内丘县志》记载，汉、唐、宋、元、明、清六朝修建之寺计入史志的多达31座，保存较好的千佛寺千佛阁、福胜寺及且停寺遗址、圣佛岩院遗址等，已分别被批准为省、市、县级文物保护单位。

千佛寺 位于金店镇中张村村中，因寺中石阁雕佛千尊，故名。明万历二十六年（1598）《内丘县张村重修千佛寺记》碑载：“……其栋宇创自隋唐，历宋、元，屡次敝屡修，莫可考纪……”明崇祯《内丘县志》记载：“千佛寺在张村，唐天宝年建。”原寺院有山门、中殿、正殿，寺两旁有偏院，阁居中殿，滚龙石柱立于两侧，布局严谨，古朴美观。可惜原建筑毁于1935、1945、1950三年当中，仅存千佛阁一座，滚龙石柱两根，明、清石碑两通。2009年重修。

千佛阁，明代雕刻，河北省文物保护单位。平面呈方形，用16块青石，分基座、阁身、顶盖及阁内方形佛柱四部分雕后筑成。石阁四壁各设一门，内外壁排列有序，浮雕尖拱形佛龛，尺寸不一，共1003尊佛龛。佛均结跏趺坐式，可惜佛头大部被毁，面目全非。在佛龛与佛龛之间刻有供养人姓名及造佛的尊数等题记。阁四面外壁图案大体一致，个别部位略有变化。门居每面中下部，为内圆外尖拱形门，里设门楣、门框、门槛等，门额上侧雕有二龙戏珠、边饰祥云。门两侧，金刚、力士守门，狮子门墩各一。阁内有一长方体立柱，分座、身、首三部分，为一块巨石雕成。基座近似方形，

↑ 明代千佛阁

呈盝顶状，斜面周饰连续花纹；四面帷幔平垂，上饰瓔珞连续垂吊图案，四条棱抹角为圆形，呈竹节式界为龛墙，内凹成龛状，东西南三面雕有一佛两菩萨，主佛均结跏趺坐于须弥莲座上，二菩萨铣足于莲台；北面为一佛两弟子。滚龙石柱两根，东西并列阁前，上雕有二龙戏珠，周边祥云烘托图案，龙体盘曲，栩栩如生。柱顶部尚留有方形隼眼，备穿插而用，雕琢颇精。石阁顶上原有卧佛一尊，后丢失。千佛阁题记：“汉明帝永平年间敕建殿阁造石佛千尊，大唐天宝元年，重修殿阁，延祐七年重修。嘉靖二十年殿阁石佛颓坏，本年三月十六日，重修殿宇五间，重造石佛千尊。”记载了千佛寺的创建、重修年代，具有重要的历史价值。

且停寺 宋元时期建筑遗址，邢台市文物保护单位，又名梵云寺，位于南赛乡寺沟村南的且停山下。整个寺院平面呈长方形，南北长 144 米，东西宽 95 米，占地面积 13680 平方米。明万历二十二年（1594）《重修且停山梵云寺记》碑记载：“寺创于大宋，迄今五六百年矣，重修于弘治庚戌之秋，工竣于正德壬申之夏，屈指岁月二十三年而始成。”明崇祯《内丘县志》记载：“梵云寺在且停山，元至大年建。”清道光三十年（1850）《重修且停山梵云寺前大殿碑记》碑载：“此庙之建创自春秋，其始所祀之神皆不能记忆，无非御灾捍患有功于民生耳，后塑以佛像名以寺院，是果佛教兴。”寺前跨溪有一座糙白玉石桥，名叫慈云桥，由慈云桥向北沿中轴线依次为山门、穿心殿、登云桥、大殿、石佛殿等；两侧有东、西厢房、钟楼、碾棚、戏楼、龙王庙、老母庙等，可惜这些古建筑大多已毁。现存石桥一座，大殿的石柱、石供桌和林立的 12 通石碑依然耸立在原寺院基址上。寺院原有千年白果树一棵，于 1997 年被狂风刮断。此外，戏楼遗址西侧还有圣水井、马刨泉、流不干、灌不满等名胜古迹。且停寺是县域规模较大的一座佛教历史名寺，府、县志均有记载，现存元代《敕赐梵云之寺》圣旨碑和慈云桥拦板，具有较高的历史研究价值，是难得的石刻艺术珍品。

↓ 宋元且停寺遗址

明崇祯《内丘县志》记载的题诗有：明内丘人副使王彦民的《梵云寺》，明邑人乔中方的《且停寺》；清康熙《内丘县志》记载的题诗有：清柏乡人魏拙庵的《游且停寺》，清柏乡人大学士魏裔介、邑人韩宕皆题诗《次先总宪韵》，清邑人崔鸣莺的《且停山雨夕登眺》，清邑人段国璘的《咏且停山石人》，清邑人廪生张干元的《咏且停寺自来泉》，清邑庠廪生耿湑的《游且停寺》，明邑人乔中方的《游且停寺》，明邑人韩梦愈的《咏且停寺》，清邑人和羹的《过且停桥》，清邑人冀振先、滑藻德皆题诗《题且停泉》，清邑令徐祚增的《且停山寺》等诗词。

相传，春秋战国时期虢国太子途经此地暂息，山遂以“且停”为名，后建梵云寺为正名，但仍以且停寺称谓。碑文还记载了古时且停山梵云寺周围“群山环亘嵬嵬崔崔，古柏参云葱葱郁郁，而泉流于石又动人，漱之恩粤山粤水宛然眉睫间矣”，让人怀疑此处是岭南。

福胜寺 清代建筑风格，内丘县文物保护单位。位于金店镇西文孝村西南部，坐北朝南，面阔三间，进深三间，单檐硬山顶，前檐檐柱间置装修，东、西两面为墙体，殿内有金柱四根，明间为板门，次间设窗。梁架结构为五架梁，檐下施斗拱。殿附近有多通残断石碑，其中有清光绪十七年（1891）《重修福胜寺山

↑ 福胜寺

门碑记》。2014 年重修。

宝泉寺 唐代遗址，位于金店镇河巨村。清康熙《内丘县志》记载："宝泉寺，在河渠（今内丘河巨）村，唐永昌年建。"又载明代崔数仞题诗《游宝泉寺》："暗室虚生白，尘心入夜清。梵音听断续，莲漏滴分明。茎草身俱幻，浮云梦亦轻。不须学趺坐，即此是无生。"

兴化寺 宋代遗址，位于南赛乡神头村黑壁山下。明崇祯《内丘县志》记载："兴化寺在黑壁山，宋乾德年建。"又载明顺德府知府顾绶题诗《兴化寺》："黑壁何方寺，西峰隐暮云。风回一经入，岩峭半天分。泉水缘谿落，钟声下界闻。试询诸佛子，宁见夕阳曛。"明代内丘人副使王彦民题诗《黑壁山兴化寺》："群峰踏遍下危梁，徒倚丛林探众芳。深洞雨馀频涨碧，幽花春杪始生香。晴看黑壁烟光冷，晓爱白银月色长。便拟买山供啸傲，佛衣宁待鬓毛苍。"

梁原寺 宋代遗址，又名罗汉寺，位于大孟村镇梁原店村。明崇祯《内丘县志》记载："罗汉寺在梁原店，宋太平兴国年建。"明嘉靖《顺德府志》记载，明代人晴山题诗《梁原寺》："晴雪回风着面寒，双松斜倚碧云团。可怜一马红尘裹，何日青山更问禅。"明代人小溪题诗《梁原寺》："炎暑停车汲井寒，午风槐静翠云团。独怜南北驰驱客，一度登临一悮禅。"明代人北野题诗《梁原寺》："山路风生雪后寒，招提香裊篆烟团。徘徊一饭忘归去，欲倚方袍夜论禅。"明代人南桥题诗《梁原寺》："新松千尺碧霄寒，云雾山深座□团。春日驱车聊暂憩，鸟声似解静中禅。"

凌霄寺 宋代遗址，位于獐貘乡凌霄山上。明成化《顺德府志》

记载："上凌霄山，县西七十五里，其峰峭拔插空，故名，上有寺。"明崇祯《内丘县志》记载，宋代徐丁权题诗《宿凌霄寺听琴二首》："（其一）潺潺石涧路盘回，宝梵深藏曲阜隈。峭拔峰峦攒碧玉，清凉世界隐仙才。暂捐尘累寻真宝，却恨浮生乏道胎。一听牙弦清不寐，高山流水思悠哉。（其二）千层石磴与天通，宝构峨峨二佛宫。晓见黄河青嶂外，暮栖峭壁白云中。一心险易分高下，万法圆融绝异同。翠竹黄花何处是，休将蠡管诳禅丛。"

圣佛岩院 元代遗址，内丘县文物保护单位。位于獐獏乡南獐獏村西约 1.5 公里的圣佛岩之上。南北长约 90 米，东西宽 40 米，面积约 3600 平方米。南、北、西三面被翠绿陡峭的山峰所环抱，中间地势较为平坦，东面山川有通往山下的崎岖小路。明崇祯《内丘县志》记载："圣佛岩，在獐磨（后改为獐獏）西南，相传圣佛

↓ 元代圣佛岩院遗址摩崖石刻"天然阁"（也说"天愁图"）

出此，有寺及灵泉，泉尝涸，有五台僧咒之，湧出如故。”该寺院原有圣佛殿、龙王圣堂等建筑，因早年废弃，遗址上仅见砖瓦碎片等。有一元代残碑《圣佛岩记》载：“圣佛岩院是僧人普法住持建于元大德九年。”清康熙五十九年（1720）《圣佛岩佛殿碑记》残碑记载：“水声泠泠佛殿一座。”依靠北面山崖有石砌台阶数级，登上可至北崖的“天然阁”。天然阁是略经加工的天然石洞，石洞东侧崖壁横行阴刻行书“天然阁”三个大字，天然阁岩壁下左侧竖刻“住持侯正路/孙眭義□……/石匠智明武……”右侧竖刻“武林西子湖头，沈藻卿杨德先，丁卯春同游于斯处。”可知天然阁石洞创凿人和来此游人。在西崖刻有“顺治七年建立三教古洞、玉帝阁”“绿水无愁因风鼓面，青山不老遇雪白头”字样，西崖北部下有泉水淙淙滴下，汇成绿潭一泓。南侧悬崖刻有“真顺二府各县乡村，不同功德盒头住持道人侯正路，跪讽皇经三年，建立三教洞、玉帝阁，顺治七年二月十二日住持山”。西北侧有圣人洞、四圣殿洞、聚仙阁洞、佛爷窑四洞，出土刻字“万历廿一年（1593）”及鹿、云纹图案的青石香炉一个。

观

中国道教的庙宇统称为宫观。道士们住的地方也叫宫、观、庙、祠。域内历代建观仅有几处。明崇祯《内丘县志》记载：“崔万仞（编撰明万历年间《内丘县志》）曰：内丘小邑，何诸天星列若是哉。寺观壮丽，由于崇奉佛老……”并记载元至正年建长春观，明成化年建三清行宫，于崇祯年间重修，在县南关外还建有碧霞元君行宫。清康熙《内丘县志》记载，清顺治年间建北黄粱梦，留有清代邑人和羹撰写的《创建北黄粱梦记》碑文。元至元二十四年（1287）

↑ 元代《创建重阳观之碑》

《创建重阳观之碑》记载建重阳观。吉了寨山尚存石窟，石窟两壁分别刻“全真观”“永宁□”字款，存清代石碑两通。今旧观皆无存。

重阳观是纪念道教全真派创始人王重阳而修建的，取名“重阳观”。《创建重阳观之碑》为邢台市文物保护单位，碑文中涉及几个重要人物：成吉思汗的医官刘仲禄，全真道创始人王重阳，元代全真道士王栖云，金元著名全真道士丘处机。虽然道观早年毁弃，但创建碑仍然屹立在道观遗址上，证实了在元代初年顺德路内丘一带有道教全真道的传播。

庵

庵，古时是一种小草屋，即所谓“结草为庵”。旧时文人的书斋亦称“庵”。汉以后建了一些专供佛徒尼姑居住的庵堂，于是“庵”也就成了佛教女子出家行佛事的专用建筑名称。佛教的庙宇，统称为寺院，出家人住的地方叫寺、院、庵、堂。一寺之中可以有若干院，其后建筑规模较小的寺便叫作“院”，比丘尼住的寺院多称作“庵”。清康熙《内丘县志》记载，域内有石河庵、万寿庵、柳林庵、汲泉庵、仁济庵、竹如庵、圆津庵、（鹊山顶）千佛阁；碑记记载有云峰庵、仙人庵。今古庵无存，仅存圆津庵、云峰庵两处遗址。

圆津庵 明、清遗址，内丘县文物保护单位，位于大孟村镇都城铺村南。明崇祯《内丘县志》记载："圆津庵在四杨桥，耿三省供僧庆该施茶地三百六十亩，过客题咏甚多，有《墨乘集》。因塚建塔，有塔因偈。本府守汤一湛题曰圆津。"清康熙《内丘县志》记载："本府太守金之俊题曰'圆津庵'。该庵过仕，次第恢扩，为一方胜概。土山旧有亭，康熙间制台白秉真重建。"

清乾隆三年（1738），桐城（今安徽桐城）人方观承，进京应试，徒经四杨桥，身染时疾，亏庵中禅师蔼然相救。后方观承阙试高中魁首，官拜太子太保总督直隶右都御史，登门答谢，并亲笔撰书了"大清圆津庵蔼然禅师塔铭"。从此圆津庵声誉大振，名贯南北。清代圆津庵诗碣，现存大孟村镇小孟村石建敏家。碑文为方观承书撰："依依曲径引蔼迟，相见逢秋甚瘦时。学道维摩新示疾，拂尘萧寺旧题诗。凭持慧筏通津远，共信祇园大众慈。病药饥餐僵顿起，欢颜各向镜轮移。蔼然有取养贫民之善举，守令共助成之，癸酉孟秋力疾□顺德府，过圆津庵赠蔼然禅师□□□□前□。"左下角有宜田方观承朱白两方印章。

圆津庵还出了一位名僧——海宽，后成为河南嵩山少林寺第28代住持，他著述的《续传灯录》还曾被皇上御览。清康熙《内丘县志》记载："海宽，字汲宇，都城寺（即圆津庵）僧。后传法少室，续达摩二十八代衣钵，其所著有《续传灯录》，经御览。"

1938年，该庵和尚彦曾吸鸦片，先后将庵中财产（土地、房屋等）卖光，致使圆津庵遭到彻底破坏。

现存有宋代希夷遗笔碑、清代圆津庵塔铭、清代圆津庵诗碑等四块碑刻，均为内丘县文物保护单位。

明崇祯《内丘县志》记载的题诗有：明顺德知府金之俊的《过圆津庵题达摩像》，明王铎的《重游圆津庵》《再过圆津庵》；清康熙《内丘县志》记载的题诗有：清北直巡抚茬平县人王登联的《避暑入圆津庵》，清旧令典史王师夔的《重登圆津庵毗卢阁》，清邑人韩梦愈的《登圆津庵毗卢阁》；清道光《内邱县志》记载的题诗有：清邑令汪匡鼎的《再憩圆津庵》，清尚书商丘人宋荦的《壬子初夏过圆津庵游湛足上人园林》，清瀛海人戈涛的《丙子夏过圆津庵二首示粲一上人》；清乾隆《顺德府志》记载的题诗有：清大学士常山人梁清标的《圆津庵赠涵万》，清侍郎杭州人汤右曾的《丙戌四月念四日过圆津庵次棠村相公韵》，清吴泰庞的《过圆津庵》，清无锡人徐异的《过圆津庵》，清侍郎归安人吴应棻的《雍正乙卯初春过圆津庵壁间读宋漫堂太灾诗和韵一首》，清正詹太仓人张鹏翀的《乙卯五月同倪侍御檖畴同馆奉侍滇南过圆津庵联句》，清都御使、宫保桐城人方观承的《乘传赴开封过圆津寺小憩有作》《次韵圆津庵壁间旧句示蔼然禅师》，清布政使嘉善人朱一蜚的《小憩圆津寺松下次棠村相公韵》《春日同吴朴庭重过圆津寺访蔼然》，清文学武进人钮观光的《过圆津庵和朱浣桐方伯韵》，清进士海宁人沈守敬的《过圆津庵和方伯朱公韵》，清参将奉天人得绶的《圆津庵赠蔼然上人》，清巡抚奉天人鄂容安的《雨夜宿圆津庵并序》，清副使奉天人冯英廉的《巳巳夏日过圆津庵》，清侍郎临桂人吕炽的《巳巳嘉平再过圆津寺小憩》，清顺德知府武进人徐景曾的《圆津寺恭和桐城公原韵》等名诗古篇。

石河庵 明代遗址，位于柳林镇石河村。明崇祯《内丘县志》记载："石河庵，在县西二十里石河之畔。倚阜临流，果木繁阴，昔人即阜壁凿洞，深一里许。寂阒清幽。本村柳建邦祖，施供僧地三十亩。"还记载明代本学教论刘文会题诗《石河庵》："一径通莲社，禅林半掩扉。山僧迎我笑，野鸟傍人飞。洞古苍藤老，林疏黄叶稀。我来聊一坐，不是问禅机。"明代邑人崔数仞题诗《石河庵漫咏》："至人爱幽赏，适此水云居。山色当窗见，浮云共卷舒。稳坐磐石上，开函阅道书。不知荣辱味，安论岁月阻。遁迹羲皇世，悠悠伴樵渔。朝昏无外事，宴然适性初。睹此清虚境，使我尘虑除。"

戏楼

戏楼，又叫戏台，中国传统戏曲的演出场地，最原始的演出场所是广场、厅堂、露台，进而有庙宇乐楼、瓦市勾栏、宅第舞台、酒楼茶楼、戏园及近代剧场和众多的流动戏台。戏楼就是中国人的剧场，一座座戏楼如同一座座博物馆，是能工巧匠尽展聪明才智的精湛建构。内丘文化底蕴深厚，庙寺遍布，几乎各村庙寺都建有简单的戏台或戏楼。现今保护较好的有牛王庙戏楼、侯家庄戏楼。

牛王庙戏楼 清代建筑，河北省文物保护单位，位于柳林镇王交台村南侧一崛起的高台上，台地高出地面约 17 米。清道光《内邱县志》记载："牛王庙在王交台，院内有戏楼，样式独特，实属罕见。"清道光十二年（1832）《重修戏楼碑》记载："牛王庙昔有戏楼一座，所建不知何时。自乾隆二十九年重修后，今六十余载，每年三月十五日奉歌舞祀典。"

牛王庙戏楼为砖木结构，样式独特。整个建筑由戏台、罩棚两大部分组成。戏台又分前台、后台和台底券洞，共占地面积约 116 平方米。戏台为砖木结构，屋顶布瓦兽当，单檐卷棚硬山顶；台中间有两根立柱，从此挂上幕帐，可分隔成前台和后台；后台三面垒以砖墙，前台三面大敞，有六根立柱支撑，面积宽于后台，整个戏台呈“凸”字形，两边各留挂耳；台口有四柱，中间两柱间距较大，适宜演出；台底有一南北走向的券洞，青石和灰砖砌成，南头留门，可以进出；北边地面留一口，用石板掩盖，雨时，随时掀开用来排水；券洞既是戏台下歙音的设备，又是向南边河内流水的隧道。罩棚为木质结构，正卷棚式样屋顶，兽当布瓦；棚下设有 26 根立柱顶支；罩棚的前门脸，是这一建筑的精彩部分，它位于罩棚的前山半腰，突然向外伸出两

↓ 清代牛王庙戏楼

米，两个角檐翘起，形似一只正在展翅飞翔的蝙蝠；檐下有斗拱花三朵，两角各一，中间一个；门檐两角下各留一铁鼻，每年农历三月十五庙会，香客云集，夜间唱戏，鼻上挂上两盏灯，红光四射，十里望及。

戏台和罩棚紧紧连接在一起，巧妙组合，形成一个整体建筑，不管风天雨夜，台上照演，台下依着戏台照看。若在罩棚三面垒上围墙，就是一个完整的剧场，其建筑格局实属罕见，为我国剧场的前身。当地有俗语：“从南京到北京，唯有内丘戏楼带罩棚。”

↑ 清代侯家庄戏楼

侯家庄戏楼 清代建筑，内丘县文物保护单位。位于侯家庄乡侯家庄村，坐西朝东，面阔三间，进深二间，砖木结构，卷棚悬山筒瓦顶，戏台三面垒墙，后台用石墙围护，舞台台面空间简单，但外延空间较大。戏楼的空间处理具有空灵通透的特点，广场、厢房、回廊等都可以融入观演空间。屋脊、壁柱、梁枋、门窗、屏风及其他细小构件上运用的雕刻、彩绘、装饰都有无穷的魅力：装饰内容丰富多彩；彩绘多运用青绿彩、土朱单彩，雕刻则有浮雕、透雕等，甚至贴金、洒银，在整体上造成一种鲜艳灿烂的效果。上下场门上有木制门挡板，上场门刻“出将”，下场门刻“入相”，门上刻有“海市蜃楼”四字。据清咸丰八年（1858）《创建戏楼官房碑记》碑载，侯家庄戏楼创建于 1858 年。

塔

塔，是一种有着特定的形式和风格的中国传统建筑。最初是供奉或收藏佛骨、佛像、佛经、僧人遗体等的高耸型点式建筑，称“佛塔”。我国古塔从印度发展演变而来，被融入浓郁的民族传统文化色彩。内丘受佛教影响，效仿建塔。域内有古塔多处，惜皆毁，仅存郭巨塔、双石塔两处遗址，因塔而演变为村名的有“张公塔村”和“白塔村”。

↑ 唐代双石塔之一

唐代双石塔 为内丘县文物保护单位，位于官庄镇小驿头村西，两塔相距 6 米，东西并列，面南而立，形制基本相同，均为青石质叠涩式七层方形塔，通高 2.3 米。第二层为主体部分，高 0.8 米，开佛龛，龛门额呈火焰状。门两侧刻有金刚。龛内一佛两弟子。两塔侧面均有阴刻楷、行书两种字体，其中有武则天造字七个，即埀（年）、匨（月）、囚（日）、丙（天）、埊（地）、圀（国）、稐（授）等。自第四层起，在每层正侧三面中央部位均浮雕佛一龛，其余素面无饰。两个塔均有铭文，记载双塔建于唐万岁登封元年（696）。惜 1994 年 9 月被盗。

桥

一座古桥一方文化，每一座古桥，都凝聚了人们的智慧与创造。在内丘，几乎每一座古桥，都有一个鲜为人知的美丽传说和故事。载入明清县志的古桥有九龙（回生）桥、四杨桥、义济（洪济、北七里）桥、仁济（南七里）桥四座，除回生桥重修尚存，其他三桥均无存。今域内尚存清代以前古石桥有：九龙（回生）桥、慈云桥、通运桥、孙家坡通顺桥、北赛通顺桥、双柏桥、天意桥、二郎桥、路通桥、龙行桥、兴隆桥、寡妇桥、东越桥、中越桥、西越桥、玉皇皋桥、董李桥、太平桥、三孔桥、四股桥，还有集上赛、岭底赛、石梯、南杨寨、西磁窑沟、报子口、上黄水峪、宁家庄、西营、石流河、北良、虎头山、东沟、菩萨岭、小西等村石桥，以及埋于地

↓ 皇迷桥

下保护的皇迷桥、西庞桥、登云桥、柳沟桥等。其中南赛石桥（天意桥）、石门通运桥、孙家坡通顺桥为内丘县文物保护单位。

九龙桥 又名回生桥、龙登桥，位于南赛乡神头村西扁鹊庙前。明崇祯《内丘县志》记载："九龙桥在扁鹊庙前。"明嘉靖二十二年（1543）《鹊山鼎建九龙桥记》碑记载，此桥初名回生，又名龙登，其南有亭，嘉靖年间又改名九龙桥，因西山有涧九道，如遇暴雨，九源之水鸣瀑扬波，谓称九龙口，因此桥亦改此名。原来的"桥亭故址规制狭小，今大改作之。其桥高一丈七尺，阔二丈六尺，长二丈八尺……其亭绘以丹漆饰以金碧华渝。昔亭至祠门十丈余，皆大石铺砌……"原桥始建不详，北头有桥楼。惜1963年该桥被山洪冲垮，现桥于1999年6月在原址上恢复重建。

↑ 回生桥及桥楼（20世纪50年代拍摄）

↑ 回生桥

清康熙《内丘县志》记载，明代新城训井陉训蕃宗学内丘人崔数仞题诗《咏九龙桥石柏》，清代内丘县令徐祚增题诗《九龙桥石上古柏》。

传说一，初始之桥，为春秋战国时期，民间为扁鹊行医方便而修建。传说二，因扁鹊在鹊山医治百姓，普救众生，感动上苍，降下彩虹石桥。传说三，因无数患者越过此桥请扁鹊医病痊愈，说扁鹊有起死回生之术，故该石桥取名回生桥。传说四，此桥于隋开皇十一年（591）各地香客为方便四方民众朝祭扁鹊而建，隋大业年间（605—618）又按赵州大石桥的工艺修建。

慈云桥 又名且停桥，明代建筑，位于南赛乡寺沟村且停寺内。明万历八年（1580）《且停山新建慈云桥碑记》碑载，因河水暴涨，“往来阻绝，僧人、乡民之樵者、牧者病焉。虎头山牛朝臣者，乡之善士也，乃倡议建桥……功始于壬申，桥成于甲戌。于是，樵者、牧者洎往来游者，便于斯矣……”即于明万历壬申年（1574）始建此桥。因民众奉佛之心，慈悲施济集资建桥，取名“慈云桥”。桥系单拱汉白玉石砌成，桥栏杆上雕刻着“杨业碰碑”“苏武牧

↓ 明代慈云桥栏板

羊”“君臣对弈”“卧冰求鲤”“僧稠解虎”等戏文、典故，精巧玲珑，耐人寻味。清康熙《内丘县志》记载，清邑人和羹题诗《过且停桥》：“为苦吟眬夏日长，披襟障面度山梁。几回扫石松阴卧，耳听潺湲笑水忙。”

↑ 明代天意桥

天意桥　又名南赛石桥，明代建筑，内丘县文物保护单位，位于南赛乡南赛村中，东西向跨村小河，现存桥长 11.2 米，宽 5.9 米，桥面距水面 4.6 米，青石铺桥面；南侧桥栏板 5 块，望柱 4 根，抱鼓石 1 个；北侧桥栏板 4 块，望柱 3 根；桥北散落桥栏板 1 块，抱鼓石 1 个；桥拱高离水面 4 米，跨度 6.8 米，宽 5.9 米。2006 年《内丘县志》记有“南赛村古桥（明）”，始建年代不详。现今古桥只允许走行人，车辆禁行。传说，天意桥是临城县的香客为赶神头村扁鹊庙会而集资修建。

皋门

皋门，原指古时王宫的外门。后来人们把进城、寨、村的门也称为皋门。内丘民间称下修路上盖庙之建筑为皋门，下可流水上可行人之皋门为皋桥。今县域内尚存古皋门有寅斌阁、息波镇及梁原店、大和庄、神头村皋门，还有张公塔村的皋桥等。

寅斌阁皋门　清代建筑，内丘县文物保护单位，位于金店镇南北光村东口，占地面积 19.51 平方米。平面呈长方形，下为条石垒砌，

↑ 梁原店北皋门

上部青砖砌筑，白灰勾缝，平顶，中部砖券门洞。在阁东面券门洞上方有长方形石匾一块，上阴刻“‘寅斌阁’光绪六年三月建”。据当地村民介绍，北光村宋代建镇，名曰白世镇，到清代后期改为息波镇，建有东西两个皋门。中华人民共和国成立初期为北光村，分魏、滑、李、刘、马、张、古七个街，1961 年又分为南、中、东、西四个北光村，一个村分为四个行政村。寅斌阁为南北光村东皋门，保存完好；息波镇为南

↓ 清代“寅斌阁”勒石

北光村西皋门，在 20 世纪 40 年代被毁，50 年代重建。

祠

民间称之为“祠”的建筑，即指奉祀祖宗或前代贤哲的地方。据明清《内丘县志》记载，明嘉靖年间知县郑伯兴在南关外建忠孝祠，合祀汉名臣冯唐、汉孝子郭巨；在冯唐村建都尉祠，祀汉名臣冯唐；在城南五里铺，建王公祠祀明代内丘邑令王洪灏。“二公祠，在治东，祀邑令徐维藩、雷鸣时，二公俱蜀人。康熙元年三月初十日，婺源汪公讳宗洙卒于官，邑人哀思之，合祀于此。”清道光《内邱县志》记载，清顺治年间知县王秉乾重建敬一亭、启圣祠、文昌祠、名宦祠、乡贤祠。今俱无存。

在中国传统社会里，家族观念相当深刻，往往一个村落就生活着一个姓一个家族或几个家族，多建立自己的家庙。这种家庙一般称作“祠堂”，用来供奉和祭祀祖先。祠堂是族长行使族权的地方，凡族人违反族规，则在这里被教育和受到处理，直至驱逐出宗祠，因此可以说是封建道德的法庭。同时也可以作为家族的社交场所和商议族内重要事务的会聚场所；还可用于举办婚、丧、寿、喜等活动；有的祠堂附设学校，族人子弟就在这里上学。祠堂建筑一般都比民宅规模大、质量好，高大的厅堂、精致的雕饰、上等的用材，成为这个家族光宗耀祖的一种象征。内丘的姓氏达 320 多个，建祠堂修家谱几乎村村都有，惜经战乱、“文革”皆被焚烧破坏。今幸存保存较好又重修的祠堂有程家湾的程氏、西张村的李氏、大留村的韩氏、王家屯的蔺氏、西文孝村的张氏、李田村的杜氏等祠堂。

张先生祠 明崇祯《内丘县志》记载，唐著名诗人于鹄题诗《过凌霄断天谒张先生祠》：“落落万峰里，一峰独凌天。下看如尖高，上有十里天。志人爱幽深，一住五十年。悬楼到其上，弃牛耕药田。衣食不下求，乃是云中仙。山僧独知处，相引冲碧烟。断崖昼昏黑，惓泉横双椽。面壁攀石稜，养力方敢前。累歇月出没，始到茆堂边。见客不问谁，礼质无周旋。醉卧枕欹树，坐寒裹青毡。折松扫藜床，秋果颜色鲜。白犬舐客衣，惊走闻腥膻。乃知轩冕徒，宁比云壑眠。”

王公子祠 明崇祯《内丘县志》记载：“王公祠，在城南，祀三原王洪灏……王洪灏，三原人，进士。倜傥豪雄，爱民礼士，甫一岁，擢南京主事，邑人思之，建祠城南五里许，详祭公约中。”明代乔中和在《人日祭王公约》中写道：“……洒空粮、赎子女、殄盗贼、毁淫祠、尊圣统、种种难悉……轰轰烈烈，不愧圣贤。”

↑ 大留村韩氏祠堂祭祖

清康熙《内丘县志》记载，明代邑人崔数仞题诗《人日祭王公子祠》：“祠宇魏巍大道旁，居民追思县循良。堂中旧像人如在，碑上遗文诵不忘。凫下庭阶留去舄，树余风雨护甘棠。年年箫鼓喧人日，遗爱千秋姓字香。”

民居

民居是我国传统建筑的一个重要类型，凝聚着先民的生存智慧和创造才能。内丘地形独特，山地、丘陵、平原约各占三分之一，因自然环境的多样性，建筑结构以穿斗式木结构为主，外辅以砖石结构。布局依山就势，层层递进，一般为一进、二进、三进，甚至四进四合院、二层楼院落等，多为清、民国建筑。建筑装饰体现在石雕、砖雕、木雕、彩绘等工艺上，图案多为象征吉祥如意、多子多福、富贵长寿等中国传统吉祥图案，表达了内丘人民对和顺如意、幸福美满的追求和向往。院门楼是进入院落的必经之路，是一座民

↓ 清代白塔村刘兴武家宅院

居宅院的标志性建筑，门楼的建筑工艺和样式是户主经济状况、从事职业和情趣的直接体现。门墩石石雕多为狮子滚绣球、鹿回头、玉兔望月、鸳鸯戏莲花等图案；墀头砖雕多为麒麟、鲤鱼、莲蓬、葡萄、梅花、犀牛望月、方孔制钱、花瓶如意等图案；挂落木雕多为二龙戏珠、蝙蝠、暗八仙、葡萄等图案；门头挡屏彩绘多为松柏、梅花、兰花、竹子、菊花、莲花、鹤、喜鹊、蝙蝠、蝴蝶等图案；门匾刻字多为喻义堂、谦受益、和为贵、均和安、智贤德、仁为美、耕读之家、福禄祯祥等字样。

↑ 清代北阳村李羔家宅院

白鹿角村四合院古民居、白塔村刘兴武家宅院、北阳村李羔家宅院、白塔村大寨式建筑为内丘县文物保护单位。

↑ 白塔村大寨式建筑（局部）

白鹿角村四合院古民居 清代建筑，邢台市文物保护单位，位于侯家庄乡白鹿角村苑拴如家。正房坐东朝西，面阔五间，进深一间，东西 4.47 米、南北 13.8 米。正门整个檐前突，檐下砖饰滴水和兽头瓦当，檐下砖雕仿木二层椽。椽下为仿木砖雕升斗，其中三间饰龙及宝炉花草纹。门额素面，穿插于垂幔之间，两端分别雕饰飞马、飞鹿图案。两侧卧砖平砌，门楣上设几何直棂窗，两扇木门，门下为五步石台阶。正屋正门右侧墙体上镶嵌砖雕佛龛，龛上部有兽头相对及花草纹图案，惜早年大部用水泥涂抹被毁；下部雕饰鱼龙纹楣，两侧饰几何纹扇窗门，门内空间供奉佛像。正房相对为过道门楼，门楼分内外两面，内门楼外凸1.8米，筒瓦顶、瓦垄13个，有滴水瓦当。门额原为木雕三个大字穿插于垂幔之间，惜雕字早年被毁。门楼外脸与内门楼屋顶基本相对，只是两侧山墙上部各用四层砖雕装饰，显得更加富丽，下部青砖平砌。两扇木门外两侧置有青石质抱鼓石一对，外置七级石质台阶。院内南北厢房于1994年拆毁并新建现代住房。

↑ 清代白鹿角村四合院古民居

内丘四堡 分别位于金店、官庄、尹村、清修，现无存。据明崇祯《内丘县志》记载：“金提堡，围三里，南北二门。官庄堡，围三里余，南北西三门。尹村堡，围一里，东西二门。清修堡，围二里，西一门。四堡皆嘉靖二十年知县杜世爵筑。二十一年知县杜璁增修。”又记载，明代，为防御外来掳掠和匪患，在北方修筑长城，加固城池，修建村堡。在内丘县于正德六年（1511）、嘉靖二十年（1541）、崇祯八年（1635）、崇祯十年（1637）、崇祯十一年（1638）对县治城池进行加固维修，明嘉靖二十年（1541）

修筑鹤度岭长城，同时修建四堡。传说，金提堡为汉孝子郭巨寄寓之地；官庄堡为后赵张宾的家乡，清修为后唐太师李周的故里；尹村堡（尹村原属内丘，1947 年 4 月划归隆尧县）是内丘县北大门，地处官道咽喉而选址命名。金提堡在民国十二年（1923）重修南门城墙，南门上书“陔兰”，并将南门外一带取名“金店南关村”。尹村堡在清代即废，其他三堡均在中华人民共和国成立初期，因村落发展、民宅翻新而拆除。

↓ 金提堡中清代二层楼建筑

先人留下的艺术瑰宝——馆藏文物与石刻

内丘先民勤劳智慧，在漫长的历史发展过程中，用灵巧的双手制造了瓷器、石碑、石雕、石刻等艺术精品，成为今天的文化奇观。

↑ 隋代黄釉鸳鸯系印花扁壶

↑ 唐代“翰林”款白釉罐

国家馆藏文物

内丘馆藏文物丰富，它们历经朝代更迭、战火纷繁，见证了内丘悠久的历史，承载着内丘灿烂的文明。已确定的国家馆藏文物，一级2个，二级15个，三级77个。

黄釉鸳鸯系印花扁壶 隋代，国家一级文物。高21厘米，口长径5厘米，底长径14厘米。口、颈、腹、底均呈椭圆形，梯形口，束颈，扁圆形腹，实足外撇，平底，壶肩置一对拱形系。褐色胎，坚致。通体施黄釉，釉下施化妆土，较光亮，施釉至足，有明显垂釉痕，积釉呈褐棕色。腹饰印花装饰，两侧图案近似，外饰连珠纹，内饰葡萄灵芝纹，中间一对舞人，一人奏乐，一人起舞。1985年县城中兴街出土。

“翰林”款白釉罐 唐代，国家一级文物。通高25.5厘米，口径10厘米，底径8.7厘米。短颈，圆肩，收腹，平底。胎白质坚，除底部，器内外均施白釉，釉质莹润。底部刻“翰林”二字。

1987 年南赛乡集上赛唐墓出土。

黄褐釉人物托灯座 唐代，国家二级文物。残高 11 厘米，底径 6.5 厘米，灯为人物造型，灯盘已遗失，人物坐姿，面目丰满，上身袒露，右手上举托起灯盏，左手下垂置膝上，屈腿坐于平底方形座上。较深的褐色胎，粗而坚致。棕黄色釉，半木光，积釉处釉色较为深暗。1984 年双流洞遗址出土。

↑ 唐代黄褐釉人物托灯座

三彩镀 唐代，国家二级文物。

↓ 唐代三彩镀

高17.5厘米，口径13.5厘米，底8厘米。侈口，卷沿，短颈，折肩，直腹下收，平底，下附三矮兽蹄足。施褐、黄、绿三彩釉，釉不及底，完整。1985年8月24日县民兵训练基地出土。

↑ 现存英国大不列颠博物馆的邢侯簋

流失在国外的内丘文物

据资料记载，内丘有文物流失在国外，如1921年冢圪塔村邢侯夫人墓出土的邢侯簋，现存英国大不列颠博物馆。1928年吴村古墓前的一对神兽，现存美国费城大学博物馆；十方村古墓前的神兽，现存法国巴黎吉米特博物馆，等等。

石碑

石碑是把功绩勒于石上，以传后世的一种石刻。一般以文字为其主要部分，旨在垂之久远。县域内现存为寺、庙、观、庵、路、桥、戏楼、皋门等设施所立的古碑有300余块，个人墓葬古碑500余块。道观碑、圆津庵塔铭、圆津庵诗碣、圆津庵诗碑、希夷遗笔碑已分别列入市、县级文物保护单位，它们是刻在碑石上的内丘历史。

后周碑　1954 年中国中医研究院研究员马堪温、丁鉴塘来内丘神头村调查时，发现此残碑，为目前已知扁鹊庙立碑时间最早的碑刻记载。此碑立于五代后周显德年间（954—959），距今已有一千多年。惜此碑已失，仅存拓片资料。根据拓片，碑额仅残留两字，碑文残留 62 字："……大王庙宇 颇历年华 雨漏风吹 梁攲柱侧……乃急征良匠刊石……赞曰 鹊山幽趣 鸾鹤盲羽……吴越称卢德震环区……神殿清澈 装塑光洁……征巧刊石 磨成碑碣……时大周显德……"这道残碑透露的重要信息是：后周时，扁鹊已封王，残存的两个篆字中，就有一个"王"字；残存的碑文中，提到"大王庙宇 颇历年华""鹊山"等字样，可知古蓬山已改为鹊山。此碑也是一块重修碑。

透灵碑　即元至元五年（1268）《国朝重修鹊山神应王庙碑》，是研究扁鹊的重要实物资料。立于扁鹊庙山门外西侧碑楼内，坐西面东，青石质，弧形碑首，浮雕六龙，矩形碑额，龟趺座。碑文楷书，共 30 行，计 1048 字。从碑文可以折射出扁鹊庙的沧桑历史：元太医院太医颜天翼，奉元世祖忽必烈旨意，归故里重修扁鹊庙，逝于岗位，其夫人及儿子继承遗志，圆满完成任务。忽必烈诏令翰林学士、承旨资善大夫、知制诰兼修国史臣王鹗撰写碑文，藏春居士刘秉忠（邢台人，郭守敬的老师）书丹，前中书省都事刘郁篆额，立下此功德碑。扁鹊庙修葺一新，香火规模也进入鼎盛时期。该碑对中华医学史、扁鹊生平及医术成就作了全面准确的记述，特别提到"简子病愈，即中丘之蓬山赐地四万亩，时往来居之"，明确详细地记载了扁鹊和内

↑ 邢侯簋 68 字铭文：“隹三月，王令荣众内史。曰：井侯服，易臣三品，州人、重人、庸人。拜。稽首，鲁天子穿币人濒福，克奔走上下，帝无终令。于右周，追考，对不敢。(坠)，邵朕福盟，朕臣天子。周典王命，乍周公彝。”

↑ 现存美国费城大学博物馆的吴村神兽

现存天津北宁公园致远塔前的吴村石狮

↑现存法国巴黎吉米特博物馆的十方村神兽　↑后周碑拓片

扁鹊庙碑廊

↑ 宋代希夷遗笔“寿”碑

丘之间的关系。碑文中还记录了扁鹊庙六次大修，为后代研究留下重要的资料。此碑被誉为“名人碑”“朝廷碑”，民间称“透灵碑”。

希夷遗笔碑　宋代碑刻，内丘县文物保护单位，现存大孟村镇张夺村王黑墩家，青石质，平面呈长方形，碑高 1.46 米、宽 0.84 米、厚 0.17 米；阴刻草书一独体大“寿”字，字高 1.24 米，字宽 0.68 米，笔画宽 0.07~0.13 米，左中落款“陈抟书”三字。整个寿字浑厚稳重，奇逸脱俗，笔法如蟠龙，一气呵成，令人叹服。清光绪《内邱乡土志》载：“希夷遗笔，在圆津庵，宋隐士陈抟书。”

↑ 明代“我欲振衣”摩崖石刻

摩崖石刻

摩崖石刻起源于远古时代的一种记事方式，是中国古代的一种石刻艺术，指在山崖石壁上所刻的书法、造像或者岩画。县域内摩崖石刻有：鹊山的明代石刻“我欲振衣 / 崇祯三年春三月庚午 / 郡守西浙金之俊题”“雷乔谈禅处”“药石 /

万历癸未年龙峰题”；清代石刻“莲崋峰/清康熙八年/临城乔已□□/内丘乔□□”；不详年代的“九龙桥台柏”刻字和清泉寺的睡佛、龙虎洞的三官造像及仙人洞的记事刻字、太子洞的诗词刻字；鹤度岭的“鹤度仙踪”“万年天险”；吉了寨山的清代石刻“全真观”“永宁□/天地以来有山有水启自/ 轩辕历代有城有寨古迹/古洞道院全真观恭以/顺治七年十一月十九日辰时/石阁石堂”，圣佛岩院遗址的清代石刻“天然阁”等字款，皆为阴刻，字体苍劲有力，笔法浑厚；刀法镌刻遒劲刚健，显力能扛鼎之势。

↑ 明代“雷乔谈禅处”摩崖石刻

石雕

内丘先民留下了丰富的石雕遗物，有列入各级文物保护单位的石辟邪、尊胜陀罗尼经幢、南光石狮、中平石佛、滚龙石柱、鱼龙石壁等，以及有价值的回生桥石狮、石牛、老君石造像、翁仲石像等石雕。

石辟邪　东汉石刻，国家二级文物，俗称神兽、飞马、四不像，1952 年出土于十方村，1999 年运扁鹊庙保存。其头像狮有角、身像龙有双翼，残高 1.42 米、长 1.82 米、宽 0.80 米，青石质，体形硕大，足有一吨重。兽身左右两侧各饰有贴身双翼，背、

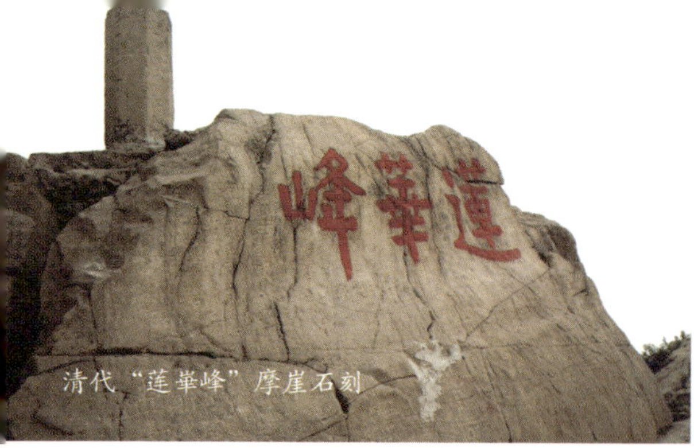

清代“莲華峰”摩崖石刻

明代“药石”石刻

“九龙桥石柏”石刻

唐代尊胜陀罗尼经幢幢身

“鹤度仙踪”摩崖石刻

“万年天险”摩崖石刻

元代翁仲石像

↑ 老君石造像

↑ 东汉石辟邪

腿部位饰有对称均匀的宽条状卷毛纹；胸、腹部分刻有竖、横向凸楞纹；脊部自前至后饰有连缀球状纹；头顶有双角，环眼阔口，舌尖上翘，耳如削竹，长须镂空垂于胸前，小腹收敛，尾较小。此兽瞠目张口，昂首挺胸，躯体健壮，姿态传神。惜多处残缺，但就其健壮生动的造型而言，仍不失为一件艺术珍品，为中国美术史研究提供了不可多得的实物资料。

鱼龙石壁 明代石刻，内丘县文物保护单位，原为内丘县城南关关帝庙影壁，现存于扁鹊庙群碑廊内。该壁青石质，质地细腻，整体形制为仿木结构，横长 2.06 米，通高 1.90 米，厚 0.40 米。由壁顶、壁身、壁座三部分构成，壁座遗失。壁顶雕有高脊、筒瓦、滴水、瓦当等建筑饰件，瓦当和滴水均刻莲花纹饰。壁身上宽下窄略呈长方形状，独石雕刻而成，高 1.25 米。正面刻画圆形开光、浮雕鲤鱼望月象征幸福、吉祥的图案；背面线刻“渔、樵、耕、读”图案；左右两侧圆雕喜鹊、梅花、竹枝、红日，玉兔、蝴蝶、菊花、弯月等象征着吉祥如意的中国传统题材图案。

鱼龙石壁的雕刻工艺采用了圆雕、浮雕、线刻等手法，设计巧妙，布局得体，主次分明，刀法简练，线条刚劲，是中国绘画艺术与中国雕刻艺术的完美结合。

↑ 明代鱼龙石壁（正面）

滚龙石柱 明代石刻，内丘县文物保护单位，位于金店镇中北光村南侧原小学院内。青石质，原为洪济寺遗物。明崇祯《内丘县志》载：“在北光有洪济寺，宋太平兴国年建。”现存石柱两根并列，相距 2.1 米，通高 4.55 米，边长 0.58 米，石柱上端榫卯处刻有“大明万历十三年”字款，顶端和基部约 0.54 米均呈方柱抹棱状，其间浮雕两条巨龙，龙体盘曲，形象逼真，龙躯周围刻有卷卷祥云。两根石柱造型相同，二龙头颈均在石柱内侧，从造型和雕刻上都有很高的艺术价值。

↑ 明代滚龙石柱

中国民间文化遗产抢救工程

THE PROJECT TO CHINESE FOLK CULTURAL HERITAGES

内丘钟灵毓秀，文脉传承，是一块积淀文明的土地。千百年来，儒、释、道三教文化互相渗透、交融，特别是扁鹊庙、且停寺、圆津庵等古刹名寺，历代引来名人墨客谒拜朝圣，留下了大量的诗文墨宝和优美的民间传说，成为内丘的宝贵精神财富。

↓ 2009 年庆源排鼓队进村表演

第四章
文化集萃

山水村庙话扁鹊

扁鹊（生卒年月不详），姓秦，名缓，字越人，号扁鹊，又号卢医，春秋战国时医学家，齐国渤海郡鄚州（今河北任丘）人，师从长桑君。因他医术高超，所以当时的人们借用了上古神话中黄帝时期神医“扁鹊”的名号来称呼他，并得晋国卿大夫赵简子赐田四万亩于蓬山，内丘成为扁鹊的第二故乡。他首创中医“望、闻、问、切”四诊法，被称为“脉学之宗”；擅长针灸、艾灸、按摩、熨贴等疗法，开创了以铁代石、以艾代灸的针灸疗法；熟练运用剖割手术，开创了外科手术和麻醉术的先河。扁鹊周游列国，随俗而变，精通内科、外科、妇科、儿科、五官科等，成为中华传统医学的奠基人。他还提出了“六不治”之说，体现了提倡科学、反对迷信的唯物主义思想。扁鹊传徒授业，著述甚丰，有史可查的就有二十余种，如《扁鹊内经》《扁鹊外经》《扁鹊镜经》《八十一难经》等，但大部已佚失，仅有《八十一难经》传世。扁鹊被世人誉为中华医祖，其事迹载入汉司马迁《史记·扁鹊仓公列传》及《内丘县志》和碑刻。后周碑记载扁鹊已有“王”称；宋代碑记载，宋仁宗谥封扁鹊为“神应侯”。《宋史·列传·第二百二十一·方技下》记载，景祐元年（1034），宋仁宗封扁鹊为“灵应侯”。明崇祯《内丘县志》记载：“周，秦越人，渤海鄚人，赵简子赐田蓬山，及其没，遂著灵于兹土，历代崇祀。”

内丘是扁鹊的最大祭祀地，鹊山是扁鹊生前的赐地，神头村是扁鹊逝后头颅葬地，扁鹊庙是专祀扁鹊的殿堂。由扁鹊传说而得名的鹊山、太子岩，襄水、九龙河，神头、白芷等村，九龙柏、鸟柏，石坑、药石，扁鹊庙、扁鹊墓，扁鹊祭祀、扁鹊庙会，等等，这一系列民俗事象，形成内丘独有的扁鹊文化。这里的扁鹊遗迹和传说故事构成了风景独特的文化现象，彰显和述说着这位伟大医祖的史实和传奇人生，颂扬着他探索中华医学奥秘的艰难坎坷和矢志不渝的献身精神。

扁鹊庙，为全国最大的扁鹊庙群。庙内扁鹊墓前立有“‘神应王扁鹊之墓’大元国中统二年四月十五日立石”墓碑。历代达官圣贤慕名前来谒拜、重修，留下古诗名篇50余首，历代碑刻60余通。古人陈元方曾题诗《谒扁鹊墓》：“扁鹊医术惊宇寰，中华文化耀遗篇。脉学针学实开创，内科外科应时变。以技见殃仇何耻，惩恶扬善史有传。只今谓川鸣咽水，犹为越人诉屈冤。”

扁鹊庙会，为内丘最盛大传统庙会，从农历二月初二到三月初二，历时一个月，是由祭祀活动不断升级，渐渐兴起的自发活动。明成化《顺德府志》记载：“鹊山，在县西南六十里，昔扁鹊封此山，上有鹊王庙，每岁三月十八官祭，四方来香火者，甚众。”明万历六年（1578）《重修鹊王庙记》碑记载：“是故由周而来，历二千载矣，人之骏奔而俎豆者……”明万历十三年（1585）《重修鹊山神应王庙记》碑记载：“后人德其功肖像祀之，溯战国至今，累封王爵，盖由来远矣，岁时春和，四方士女执香币金钱走谒者，肩踵相接，归市不啻……”历经两千余年，庙会规模逐年增大，人数增多，会期延长。传说，人们因赶庙会误了农时，三县县官到神头村撵会，驱散赶会人群。如今，扁鹊庙会香客涉及冀、鲁、豫、晋、陕、内蒙古、津、京、港、澳、台等地，还有来自美、韩、日、东南亚等国的香客，达近百万人次。

扁鹊祭祀，列入河北省非物质文化遗产名录。千百年来，从帝王到百姓都来祭祀扁鹊。宋仁宗赐封其为神应侯，其祭祀活动是严格按规定进行的，每年就按王侯规格举行祭拜活动。元世祖忽必烈曾三次降旨修庙，祭祀扁鹊。明清时期历届顺德知府、内丘知县均前来祭祀扁鹊。明崇祯《内丘县志》记载：“祭期：鹊王庙，季春上旬日。”民间祭祀更是年年不断，将农历三月初一和十月初一定为扁鹊祭祀日。这两个日子，正是内丘民间上坟祭祖的日子。因人员多、范围广，由此形成了两个规模宏大的庙会。庙会期间，民间还要举行“斋醮”道场、戏曲献演等活动。扁鹊祭祀有很高的学术价值。如此大的祭祀扁鹊庙会活动，在我国还为数不多，整个庙会就如一部民俗百科全书，其完整的祭祀体系，可谓是一座巨大而珍贵的无形资产。2005年10月，“首届中国·内丘扁鹊文化节”期间，内丘县人民政府成功举办了扁鹊祭祀大典仪式。

扁鹊庙会茶棚，列入内丘县非物质文化遗产名录，是神头村独有的民间接待朝拜扁鹊庙会香客的组织和场所，也是印证扁鹊祭祀久远的活化石。所谓茶棚，就是庙会活动期间，香客们临时吃、喝、住宿的小客店，分民居茶棚、购地建庙茶棚和购地居落茶棚。茶棚是因扁鹊庙会历史久、时间长、规模大、香客多，饮水喝茶用量大，而逐渐形成，也成为众多风格各异的小型扁鹊纪念场所，既是扁鹊庙会的重要组成部分，也是内丘重要历史文化遗产之一。现存各地香客留下的茶棚碑刻有：明万历年间（1573—1620）《施茶记碑》、清康熙二年（1663）《桃园村新建茶棚记》、清乾隆二十年（1755）《重修茶棚》、清乾隆壬辰（1772）《鹊山圣母·重修茶棚碑记》、清光绪十六年（1890）《重修西山凌□阁茶棚碑》等。从碑文中可知，至少在明万历年间已有大量扁鹊庙会茶棚存在，神头村及其周围村、扁鹊庙内庙外、山上山下、各地通往神头村的路上皆设有茶棚。隆尧县泽畔村明万历年间《施茶记碑》碑文记载，泽畔村为山东到蓬山（今内丘鹊山）要道，每年到扁鹊庙会时，村中设巨釜煮茶供香客饮歇。传说，内丘柳林村因赶扁鹊庙会的香客用柳木搭设茶棚，日久成林而得名。域内现存二十多座古石桥，其修桥碑文记载，皆是各茶棚香客为赶扁鹊庙会而捐资修建。历史上神头村家家曾设茶棚，因庙会期间街巷人多路堵，出门挑水很不方便，村民户户在自己院中挖井，满足庙会茶棚用水。至今一家庄的太子井和太子龙潭仍在为各地香客服务。即使现今交通便利，据 2016 年不完全统计，扁鹊庙会期间在神头村仍设有茶棚百余家。

清康熙《内丘县志》记载，清代内丘县令施彦士题诗《三月三西山鹊王庙会》：“夙闻上池水，今谒鹊王神。榱桷千年寺，牲牢九县人。是真风俗地，况值祓除辰。胜会年年事，何妨听我民。”扁鹊庙会民俗活动丰富多彩，现已成为以祭祀朝拜扁鹊为主，集祭祀朝拜、餐饮服务、文化娱乐、物资交流和集市贸易为一体的综合性群众文化民俗活动的大场所。

扁鹊传说，已列入内丘县非物质文化遗产名录，在民间广为流传。自 20 世纪 80 年代至今相继出版了《神医扁鹊的故事》《扁鹊的传说》《图说扁鹊》《扁鹊》《神医扁鹊》《扁鹊传说故事连环画集》《内丘扁鹊文化传说》等民间故事书籍，其中《神医扁鹊的故事》于 1989 年获得首次中国民间故事集成成果展出奖，《神医扁鹊》于 2014 年获得第十一届河北省精神文明建设“五个一工程”奖，《内丘扁鹊文化传说》于 2016 年入选“华夏文库”文化工程

扁鹊庙会一条街

2014 年一家庄做"道场"

2005 年举办的扁鹊文化节

扁鹊庙会期间茶棚香客
在扁鹊庙"献衣冠"

2015 年太平道乐参加扁鹊祭祀活动

扁鹊墓

项目。它们从不同侧面，反映了百姓对扁鹊这位精研医术、救治苍生的一代医祖深深的崇敬之情。传说，扁鹊在秦国被李醯所害，弟子盗其头颅葬于鹊山脚下，原焦子村、狼（郎）家庄合为“神头村”。与扁鹊传说有关的村庄还有报子口、白芷（今分为南、田、崔、刘、闫、李六个白芷）、东营、西营、大恶（鹅）石、小恶（鹅）石、天井等数十个之多。

2008 年 10 月，河北省人民政府命名神头村为河北省历史文化名村；2012 年 12 月，国家住房和城乡建设部、文化部、财政部公布神头村列入首批中国传统村落名录；2015 年 7 月，国家住房和城乡建设部、国家旅游局公布神头村列入全国特色景观旅游名镇名村示范名单；2016 年 8 月，中国生态文化协会公布神头村为全国生态文化村。

↓ 内丘与扁鹊传说有关的村庄分布图

千年邢窑

中国是世界上制造陶器最早的国家，也是世界上发明瓷器最早的国家。邢窑是中国古代生产白瓷最早的窑场之一，称雄北方陶瓷业，在中国陶瓷史上具有划时代的意义。在唐代，邢窑白瓷和越窑青瓷并驾齐驱，代表了唐代瓷器生产的两大主流，形成了中国陶瓷史“南青”“北白”格局。内丘古城在隋唐时期是闻名全国的瓷都，在唐代属邢州管辖而得名“邢窑”，因创烧白瓷著称于世。

邢窑遗址为全国重点文物保护单位，在内丘遗址多达 28 处。邢窑白瓷始烧于北朝，隋代得到飞速发展，唐代达到鼎盛，经过五

↓ 2012 年第七个中国文化遗产日，耿宝昌（坐椅子者）等专家学者考察内丘邢窑遗址发掘现场

代时期短暂低潮之后，至北宋中晚期再度兴盛，金元时期邢窑生产规模渐渐缩小，并逐渐消失。由此推断，邢窑烧制白瓷时间跨越近千年，始烧历史距今有一千五百多年。

邢窑白瓷在宋金时期流布南北，带动和影响了定窑、磁州窑乃至景德镇窑的兴起和发展，为其后的青花瓷、彩瓷的烧造奠定了基础。

↑ 唐代邢窑“盈”字款花口白釉盘

↑ 唐代邢窑透影白釉器盖

邢窑陶瓷烧制技艺列入国家级非物质文化遗产名录，其烧制工艺及装饰艺术在历史上起着承前启后的作用。创烧的透影白瓷品质达到中国白瓷制作的巅峰。烧制上由青瓷转白瓷，创烧了精细白瓷、透影白瓷，首创匣钵烧瓷法；装饰上由素面为主转为陶塑、瓷塑、刻花、印花、贴花及唐三彩，伴随着黄、黑、酱釉瓷及青花瓷等相继出现，谱写了邢瓷的辉煌历史。

邢窑瓷器胎质坚实细腻，装饰技法精美，品种繁多，涉及人们生活的各个领域，不但供应朝廷和百姓，而且作为“丝绸之路”上的重要商品远销海外，如巴基斯坦、伊朗、叙利亚、埃及、印度、斯里兰卡等国家。

邢窑白瓷也是中国最早的贡瓷，

↑ 唐代邢窑透影白釉杯

许多文献中均有记载。唐代《大唐六典·尚书户部》："河北道，古幽、冀二州之境，……（注）邢州（土贡）瓷器。"宋代《太平寰宇记·河北道》："邢州原领八县，今八：龙冈、沙河、南和、巨鹿、任县、平乡、尧山、内丘。土贡：白瓷器、丝布、绵、解玉砂。"宋代《新唐书·地理志》："邢州钜鹿郡，上。本襄国郡，天宝元年更名。土贡：丝布、瓷器、刀、文石。户七万一百八十九，口三十八万二千七百九十八。县八：龙冈、沙河、南和、钜鹿、平乡、任县、尧山、内丘。"宋代《元丰九域志·河北路西路》："邢州巨鹿郡，安国军节度，县五：龙冈、沙河、巨鹿、内丘、南和。土贡：绢一十匹、瓷器一十事、解玉砂一百斤。"元代《文献通考》："梁保义军节度，后唐改安国军，宋因之，宣和初升为信德府，建炎二年陷于金。贡：绢、白瓷盏、解玉砂。领县八、治龙冈。"元代《宋史·地理》："信德府，次府，鹿郡，后唐安国军节度。本邢州，宣和元年升为府。崇宁户五万三千六百一十三，口九万五千五百五十二。贡：绢、白瓷盏、解玉砂。县八：邢台、沙河、任县、尧山、平乡、内丘、南和、巨鹿。"

内丘出土的“翰林”“盈”“大盈”“官”等款识瓷器，是中国最早的贡瓷品牌标识，为唐代大明宫百宝大盈库御用瓷器，带有以上字款的白瓷在西安大明宫遗址也有出土。此外，带款的细白瓷还有“王”“进奉”“药”“弘”等。到明代顺德府还在借用“大盈库”之名作为建筑之名。明万历十一年《顺德府志》记载：“大盈库，阳春堂左……大盈板库，亲民堂内左，万历十年知府王守城建。”

邢窑白瓷胎体坚硬细薄，叩之声清悦耳。唐代皮日休在《全唐诗·茶中杂咏·茶瓯诗》中赞誉：“邢客与越人，皆能造瓷器。圆似月魂堕，轻如云魄起。枣花势旋眼，苹沫香沾齿。松下时一看，支公亦如此。”唐代段安节在《乐府杂录·方响》中记载：“武宗朝，郭道源，后为凤翔府天兴县丞，充太常寺调音律官，善击瓯，率以邢瓯、越瓯共十二只，旋加减水于其间，以筋击之，其音妙于

↓ 唐代邢窑透影白釉刻花贴塑碗标本

方响也。”

邢窑白瓷釉面光润，釉色洁白、纯净，有“类银类雪”之誉。唐代文人雅士喜欢用白瓷盏饮酒品茶。唐代陆羽在《茶经》中写道："若邢瓷类银，越瓷类玉……若邢瓷类雪，则越瓷类冰。”唐代元稹在《元氏长庆集·饮致用神曲酒三十韵》写道：“七月调神曲，三春酿绿醽。雕镌荆玉盏，烘透内丘瓶。”唐代薛能在《全唐诗·夏日青龙寺寻僧》写道：“凉风盈夏扇，蜀茗半邢瓯。”唐代著名诗人白居易也在《过李生》中用“白瓯青竹箸，俭洁无膻腥”来形容生活的淡雅。

邢窑白瓷朴素大方，深受文人雅士及平民百姓的喜爱。唐代李肇在《国史补·货贿通用物》中写道：“凡货贿之物，侈于用者不可胜纪。丝布为衣，麻布为囊，毡帽为盖，革皮为带，内丘白瓷瓯，端溪紫石砚，天下无贵贱通用之。”

邢窑是白瓷的发祥地。传统烧制工艺，以及与之相关的古诗词、传说故事等，形成源远流长的邢窑文化。1996 年，邢窑遗址被国务院公布为“全国重点文物保护单位”；2013 年，内丘邢窑遗址考古发掘项目成功入选“2012 年度全国十大考古新发现”，内丘被命名为“中国邢窑文化之乡”；2014 年，邢窑陶瓷烧制技艺列入“国家级非物质文化遗产名录”；2015 年，国家文物局批准并拨款在内丘兴建邢窑遗址博物馆；2016 年，“邢窑白瓷工艺传承与创作培训班项目”被文化部确定为“国家艺术基金资助项目”，并在内丘顺利实施。

郭巨之孝在内丘

郭巨（生卒年月不详），汉孝子。明崇祯《内丘县志》记载：“郭巨，字文举，其先河南人。家贫岁凶，侨居就食。一子三岁，母尝分食与之。巨训其妻曰：‘贫乏不能供给，子夺母食，子可再有，母不可再得，可共汝埋子。’遂携子诣野，掘地三尺余，石盖黄金一釜。上有丹书曰：‘孝子郭巨，黄金一釜，用以赐汝。官不得夺，民不得敢。’巨获金得终养。嘉靖间有司建祠致祭。”又载：“郭巨庙在金提店，弘治间知县王宝建，后知县刘崇文合祀冯唐，

↓ 郭巨塔（2009 年重立）

扁曰忠孝祠。”明代内丘知县郑伯兴撰文《建忠孝祠记》：“邑东有金提镇，镇故为郭公埋儿获金处，傍曰留孙村、闻孝村，皆公之遗芳沿著也。”其事迹历代《内丘县志》均有记载。后人在金店村建郭巨塔、慈云寺、郭巨庙，立“汉孝子郭巨获金处”石碑，在内丘城南关外建忠孝祠，以示纪念。惜已遭损毁，仅留石碑石塔残段。2009 年，对郭巨塔和“汉孝子郭巨获金处”石碑进行重立。

郭巨塔，汉代遗址，为内丘县文物保护单位。明崇祯《内丘县志》记载：“郭巨塔在金提店西，巨获金故处，山东肥城西水村亦有巨祠。巨生于河南林县，获金于内丘，卒于肥城。”塔高 6 米，由青石砌成，含座共 7 层，上窄下宽呈四方形，底层 1.5 米见方。

↓ “汉孝子郭巨获金处”石碑（2009 年重立）

塔座南面凿有一洞龛，内刻佛像。始建不详。

古人云“百善孝为先”，孝悌是中华文化的基础，是儒学伦理道德的核心内容之一。清康熙《内丘县志》记载，清代内丘邑令汪匡鼎题诗《郭孝子歌》：“孝子埋儿得已否？孝子堂上有老母。家贫养母难育儿，有儿不埋终掣肘。遥忆荷锄趑趄行，精诚应使鬼神惊。挥锄忽地得金釜，金釜丹书唯巨取。斯时抱子复归来，子母团圆笑口开。一念如何便格天，从来百善孝为先。此风此事不常见，再拜再歌孝子前。”著名史学家傅振伦先生，生前曾为1996年版《内邱县志》作序：“郭巨埋儿得金美谈，在内丘古今传诵。考郭巨事不见正史，但刘向掌秘书撰《七略别录》始著列仙、列士、列女之传，《抱朴子·微旨篇》载其事，又见宋躬《孝子传》，敦煌石窟出《孝子传》，勾道兴《搜神记》，《太平御览》四处一一亦引《刘向孝子图》，多言郭巨隆虑人，流寓中丘金提店，埋儿得金，名震天下，游宦平阴，病卒。”

↑ 做虎头鞋

传说，郭巨因孝母埋儿得黄金，周围二十多个村庄因其故事而得名，如金提店（今金店、金店南关村）、留孙村（今大、小留村）、闻孝村（今东、西、武、侯四个文孝村）、常留孙村（今常丰村）、张骂村（今东、西、北三个张麻村）、孙旺村（今大、小辛旺、辛旺屯三庄），后又衍生出杓子屯、铁匠屯、礼义等村。为纪念郭巨，这些村立农历三月初六为郭巨庙庙会。庙会时，村村过会，家家待客。还有郭母郭妻授传当地妇女手工织花布和做虎头鞋（因鞋头呈虎头模样，故称虎头鞋）。郭母为解孙子所受惊吓，做虎头鞋让孙子穿来驱鬼辟邪，祈求一生平安。内丘民间就留下小孩三岁前必穿虎头鞋的习俗，寓意一生平安，长大成才。而今虎头鞋既有使用价值，也有观赏价值，同时它又是一种吉祥

↓ 鸟瞰文孝社区

物。缝制过程主要有打褙子、做鞋底、做鞋帮、绣虎头、帮底缝合等几道工序。虎头鞋制作技艺，已列入内丘县非物质文化遗产名录。

孝文化的传统一直沿袭至今，形成了独特的民俗和敬老爱老的民风。比如，父母生前，一日三餐都要先给老人盛饭；子女岁数再大也不能称老，有“父母在，不远游”的说法；婚礼上要拜过双方父母才能入洞房，已婚男女在过年、给老人过寿时有磕头的习俗；父母亡故，要搭绘有二十四孝图案的灵棚，有送葬亲属要披麻戴孝，要烧“十七纸”（每七天上一次坟），烧三周年纸，不许贴红色的对联，不许张灯结彩，三年后，每年清明、寒食扫墓；每年家家户户堂屋中堂上都供有“天地君亲师”牌位，还专门张贴供奉写有“三代宗亲”的祖宗神码等。

鲁迅先生对郭巨故事宣扬的封建愚忠愚孝思想进行了批评。我们今天以批判的眼光来看，孝是应该的，愚孝是应唾弃的。因此，对于中国传统的孝文化，现在我们应该采取辩证的态度，不加分析地全面继承和全盘否定都是不可取的。

内丘郭巨孝文化，已列入河北省非物质文化遗产名录。以民间传说、遗址、庙会、孝俗为传承，形成了具有地方特色的孝文化，是内丘宝贵的历史文化遗产。

如今，当地政府制定出台了一系列弘扬郭巨孝文化的政策措施，涌现出“全国孝亲敬老之星”的贾海缺、张银青等现代版孝敬老人楷模，使中华民族传统孝道文化在内丘大地得到传承和发扬。

天棚地棚祭七夕

七夕节是中国具有浪漫色彩的传统节日，早在汉代就有对牛郎星和织女星的记载，而七夕节的形成主要源自牛郎织女的神话传说。内丘牛郎织女传说，已列入河北省非物质文化遗产名录。这一传说在内丘不仅家喻户晓，而且还流传着一种古老的七夕祭祀仪式，以七夕节为轴心，以弘扬传统伦理为主旨，以古典美学为特征，把七夕的民间信仰通过剪纸、舞蹈、戏曲等形式加以表现，承载了人生的爱情、婚姻和家庭三大主题。

内丘称七夕节为过七月七，内丘城东关外玉皇庙，立有七月七庙会。明崇祯《内丘县志》记载："玉皇庙二：一在东关（今东关、东街同为东街村）外，明隆庆间太监申信建。……七月七日暴衣书，不知乞巧。"庙会有上大供、祭天棚地棚、唱《天河配》习俗。民间有赶庙会，吃菜卷卷、花卷，讲牛郎织女故事等习俗。

内丘七夕祭祀仪式是为纪念牛郎织女鹊桥相会设立的七月七庙会。每年农历七月初一到初七，数万民众从四面八方涌入内丘县城、云集东关玉皇庙内，不分昼夜，通过上大供、做功、唱神戏、拜"天棚""地棚"等形式，祭拜牛郎织女鹊桥相会，祈求婚姻美满。

我国古代传统的农耕生产主要特征是依赖于自然，依赖于天地。人们认为要想丰衣足食、人丁兴旺，必须向天地、自然讨生活，以设香案、打扇鼓、剪"天棚"等形式敬天敬地，感应上苍。内丘七夕"天棚""地棚"剪纸的制作及祭祀仪式正是传统农耕文化生活方式的具体体现，而"剪"的工艺手法在节日习俗中早就出现。

明崇祯《内丘县志》记载：“元旦祭天地祖考、门设神荼郁垒象，剪彩罗曰迎新岁……”因而，“剪彩罗”或剪“天棚”“地棚”是内丘一带民俗活动中常见的工艺手段，也是这种民俗活动传承的重要载体。

内丘七夕节所剪的天棚、地棚图式，是用红、绿、蓝、黄、黑、金、银等彩纸剪贴制作的平面组合图案，宽5.8尺，长8.6尺，底色为浅黄色，图案用彩纸，全部用剪纸展示其构图内涵。天棚图案有星星组成的银河，喜鹊搭成的鹊桥，山川、火苗、男人代表的日神、桂树、玉兔、女人代表的月神；还有以星星形式代表的牵牛星、织女星及北斗七星、南斗六星、东斗五星、西斗四星、中斗扫帚星等。地棚图案主要为莲花地母、大鳌鱼、五彩鱼、蟾蜍、蝌蚪、蜗牛及碎纸屑代表的各种小动物、植物等；还有水中代表载着世上男女的金船和银船。两幅图，没有半句文字，不是用笔墨勾画，而是通过女性灵巧的双手用剪刀完成。

象征天宫的“天棚”整体看去金光灿灿，犹如宫殿般华丽。“天宫”四周有一圈象征生命的二方连续花瓣图案组成的城墙；四边墙中央分别设有东、西、南、北四大天门；城内对角线有一道闪闪发光的星星，组成“S”形的银河；围着银河有五彩喜鹊搭成的富有动感的鹊桥；“S”形银河的左上角，一轮红日，右下角一枚蓝色圆月。红日之中有山川、火苗，中间有代表日神的男人形象（象征阳）；蓝色月宫（或称广寒宫）中，有山川、桂树（又称娑罗树）、玉兔，中间有代表月神的女人形象（象征阴）。红日和蓝月旁边分别又有三角形“牛扣索”组成的牛郎星、菱形“织布梭 ”组成的织女星，亦象征阴与阳。另有南斗、北斗星及二十八星宿中的若干星，构成一个偌大的天体。而“牛郎”（星）担着小孩（太空中两星座）与“织女”（星）在白云、喜鹊组成的银河两旁隔河相望，带出几分忧伤和凄凉。艺人们以浪漫主义的手法，将神圣庄严、阴阳互动、悲欢离合（牛郎、织女星的人格化）的天宫景象和天上的故事，表现得浪漫、神秘而悲壮！

象征地都的“地棚”，整体效果依然金碧辉煌。“地都”的中心是整个画面的画眼——“鱼戏莲”。有一造型写实的肥鱼，在与坐有“地母”的莲花嬉戏；四周的蛙与摇头摇尾的蝌蚪向着中心的

↓ 2014年内丘城东关玉皇庙七月七庙会天棚地棚祭品

“鱼戏莲”游来。画面的左上方和右下方各有一摆船的童子，左上角的童子头朝上向左划动，右下角的童子头朝下（反过来看即正）向右划动，上下交错，阴阳互动。人、船、鱼、蛙、蝌蚪、莲花、神仙，共同畅游在一个水域，犹如《诗经》《楚辞》的意境再现。

内丘七夕“天棚”“地棚”不是一般审美意义上的观赏性剪纸，其祭祀仪式也不是普通意义上的民俗活动。从剪纸到祭祀，就如同一件完整的“行为艺术”作品，其活动是立体的，其内涵是丰富的，其图式创作手法是浪漫自由的，其创作心态是真诚、纯净的。艺人们用手中的剪刀、彩纸，营造了一个理想中的天宫、地都，创造了一个神话般的精神家园。“天棚”“地棚”祭祀活动及艺术图式，是华夏传统的农耕文化生存方式在这一地区民俗活动中的具体体现，是植根于黄河文明以及“邢文化”之中鲜活的原生态文化样本，反映了中国传统文化和民间信仰千百年来在这块土地上遗存和繁衍的轨迹。它以天地、日月、阴阳相生，牛郎织女悲欢离合为载体，表达了对天地的敬仰，对爱情的礼赞，以及对生命繁衍不息的渴求。

内丘七夕祭祀仪式以拜“天棚”“地棚”供品为载体，以祭祀牛郎织女鹊桥相会为主要内容，以剪纸艺术为表现形式，以“一船人”为组织形式，非常独特罕见。内丘七夕祭祀仪式及牛郎织女传说，“天棚”“地棚”剪纸艺术及祭祀之词曲，成为内丘七夕节的宝贵文化遗产，它丰富了七夕节俗文化，超越了七夕节的历史演变轨迹，具有重要的民俗文化价值。

内丘神码

内丘神码已列入河北省非物质文化遗产名录，2004 年又列入“中国民间文化遗产抢救工程”和“国家社科基金特别委托项目”。神码俗称“神灵码”，又称纸码、年画，是内丘的民间艺人世代相传的为庆祝年节而通过手工刻制印刷的一种木版年画。内丘神码使用于内丘县及周边数百里城乡，年节时张贴在固有位置进行供奉祭祀，有千百年的传承史，形成独特的民俗和原始古朴的文化现象。内丘神码以它的独特性和原始性被誉为“中国木刻版画的活化石”。

内丘神码是远古先民自然崇拜的遗存，最早是人们直接画在石壁或墙壁上的一种艺术，画像祭祀活动可以追溯到春秋时期。为了使神像保存得更完好、持久，开始进行石雕和泥塑。作为中国最古老的陶瓷制造业中心的内丘，隋唐时期邢窑白瓷兴起，神像也开始进行烧制。随着造纸术和雕刻印刷术得到广泛发展，其刻制技艺相互影响，内丘神码也完成了从石雕、泥塑、烧制到印刷的演化过程。明清时期，达到了空前繁荣。中华人民共和国成立后，在偏僻乡村，作为农民喜爱并以之为精神家园的神码，原始地保留并延续下来。改革开放以来，内丘神码逐渐作为一种艺术被世人接受、关注。内丘神码，张张生动形象、色彩艳丽、栩栩如生，令人叹为观止。其内容包括自然神、生活神、儒释道神等，有近百个种类达 800 个版本。内丘神码制作过程主要有过样、手工刻版、手工印刷和裁切。刻版以阳刻为主，兼施阴刻，刚柔相济，呈现一种古朴稚拙之美。

内丘神码主题鲜明，具有汉唐遗风、邢窑古韵。其造型奇特、富于夸张，线条简约、平直粗犷，色彩单纯、喜庆热烈，构图饱满、符号性强，创作随意、制作简便，神秘、古朴、随意且富有想象力的造型，带有远古遗风；稚拙、简约、粗犷的线条，具有汉唐气象；黑白相间、直线为主、几何框架结构所构成的画面，具有极强的装饰性和庄严感，在很大程度上保留了“原生态语言”。

每逢春节，家家户户张贴神码，为节日增加了一种神秘而神圣的气氛。所供奉的诸神，按照各自的“功能”，自内屋、外屋、厨房至院内、院外各就各位。内屋张贴老母、财神、全神、小仙；外屋张贴家堂、炕神、梁神、织布机神、祖亲三代；厨房张贴灶神、

↓ 内丘神码古版及书籍（部分）

火神、风匣神、清水满缸；院内设有天地桌，上贴天地人三界、下方敬土神，梯子上张贴上下平安、梯神、上房仙、下房仙，房顶上张贴上方仙家，影壁上张贴镇宅土地，南墙张贴南海大士，大门口两侧张贴路神、喜神、出入平安，大门上张贴门神；院外仓库张贴仓官，牲畜圈张贴马牛王、鸡神、猪神、水草神、田苗神，碾坊张贴青龙，磨棚张贴白虎，树上张贴仙家，井架轱辘上张贴井神、水神，工具车上张贴车神、车行千里，打谷场张贴场神，厕所张贴粪神等，可谓神无处不在。凡是与人们生存有关的事物都要设神位、贴神像加以供奉，在这里，春节是一年一度人的大团圆，也是神的大聚会。这种崇拜、祭祀风俗，带有浓厚的原始宗教色彩，有着很深的历史根源。

内丘神码是自然崇拜、原始信仰的活化石，以其独特的原始性，反映了人类社会早期人和自然的关系。作为农耕社会遗存下来的一种原生态文化艺术，它是先人们画出的一幅幅图文并茂的精神乐园，画为神像，文为吉祥语。它是内丘区域年俗、民俗和民间信仰的重要载体，是来源于农耕社会生活的真实写照，是宣扬人类敢于驾驭万物、万神的“天人合一”精神。与其有关的民间传说故事，敬神俗曲、舞蹈，是对神码的再创作，其艺术感染力成为内丘神码的生命力，被学术界广泛关注和认可。2017 年 12 月，中国邮政集团公司以内丘木版年画为素材，设计了系列戊戌年生肖宣传戳、专用信封及明信片，并在全国专题发布。

展现诗情画意的古律歌赋

内丘钟灵毓秀，人杰地灵。特别是鹊山、凌霄山、鹤度岭、九龙河、泜河等名山河川，扁鹊庙、且停寺、圆津庵等古刹名寺，扁鹊、程子、冯唐、郭巨等名人贤士，古往今来，引来无数文人墨客、达官贵人游山、谒庙，留下了众多脍炙人口的诗词歌赋。明清《顺德府志》《内丘县志》和古碑刻记载的达百余首，有唐代著名诗人皮日休的五言古诗《茶瓯诗》，唐代著名诗人于鹄的五言古诗《秦越人洞中咏》《过凌霄断天谒张先生祠》，宋代著名诗人范成大的七言绝句《内丘梨园》，元代中书平章政事不忽木的七言绝句《鹊王庙》《九龙河》，明代编修黄谏的七言律诗《过内丘有感》，明代太仆少卿吴忱的七言绝句《内丘野望》，明代南京兵部尚书刘龙的七言古律《过内丘偶述》，明代顺德知府孙锦的五言律诗《鹊山》，清代内丘县令施彦士的歌赋《三月三西山鹊王庙会》，明代内丘人乔中方的七言绝句《游且停寺》，清代"扬州八怪"之一郑板桥的五言律诗《泜水》，清代都御使方观承的七言古律《乘传赴开封过圆津寺小憩有作》《次韵圆津庵壁间旧句示蔼然禅师》，清代通正史霍叔瑾的五言古诗《内丘道中》，清代内丘县令汪匡鼎的五言古诗《读子华子书》和歌赋《郭孝子歌》，古代前人的《中丘咏四章并序》，还有流传于民国时期的《内邱八景歌》《内邱村名歌》《抗日民歌民谣》，等等。这些诗词歌赋，豪放飘逸，构思新奇，抒发了诗人对历代名人圣贤的缅怀和敬仰之情，同时也描写了内丘山清水秀、风景如画的盛景。

代代流传的民间故事

内丘的民间故事流传广泛，但长期未做收集整理。进入 20 世纪 80 年代，省、市、县文化部门开展民间故事收集整理工作，先后出版了《民间故事选》《内丘民间故事选》《三套集成·内丘民间故事选》《鹊山轶闻》《内丘民间故事选粹》及数部有关扁鹊的民间故事书籍。内丘牛郎织女传说、扁鹊传说、程子传说分别列入省、县级非物质文化遗产名录。

在漫长的历史进程中，先民们在生产生活中创造了极为丰富的

↓ 已编印成书的民间故事书籍（部分）

精神文化，民间故事就是其重要组成部分，并经代代口耳相传，广泛流传，如有《哥姐庙》《二郎担山戳五指》《牛郎织女》等神话故事，有《程子和孔子的传说》《扁鹊的传说》《孝子郭巨的传说》等人物传说，有《张耳陈馀泜河背水一战传说》《颜天翼举家义修扁鹊庙》等史事传说，有《太行儿女》《黄岔保卫战》《乔交台地雷战》等抗战传说，有《楸树佐食》《透灵碑吓死赵县官》《寡妇桥》等地方风物传说，有《仙人村》《神头村》《金店村》等村名地名来历传说，有《张灶王》《天棚地棚敬玉皇》《粪神》等地方习俗传说，有《九龙柏》《白鹿救唐王》《石蛤蟆》等动植物传说，有《熬菜煮饺子》《内丘邢枣仁》《炒肉挂汁》等土特产传说，有《虎头鞋》《瓷窑沟》《庄布》等民间工艺传说，有《门插官》《张识货》《吴忘本的仙指头》等幻想故事，有《猫和老鼠》《兔子·狐狸·猴子·马传说》《猪神》等动物故事，有《苏武举捉鬼》《狐仙洞的传说》《牤牛和山笛》等鬼狐精怪故事，有《聪明的孟哥》《一头奶和尚，一头奶秀才》《才女》等生活故事，有《县官断案》《八吊》《纥寥的故事》等机智人物故事，有《三女婿对诗》《死板找驴》《二皮的故事》等幽默、诙谐的笑话故事，共有500余篇。这些民间故事与内丘的历史名人、历史事件、文化遗迹、风土人情等相结合，成为广大民众喜闻乐见的精神食粮。

活跃在村寨的民间花会

民间花会是一种源远流长的汉族民俗活动，早在汉代即有之，彼时称作“百戏”，宋元时称“社火”，今也称乡艺，其活动内容多为高跷、旱船、秧歌、舞狮等。内丘地处太行山东麓，特殊的地理环境，也造就了独特的民间乡艺，其中排鼓、扇鼓、跳世平、梅花老架、南调、二郎拳、黄巾乐调、抬杠箱分别列入省市县级非物质文化遗产名录。

排鼓

内丘庆源排鼓，已列入河北省非物质文化遗产名录。它起源于宋，盛于明清，相传是因穆桂英破洪州，军民同庆，由战鼓演变而来，以庆源村最为典型。乐器全部为打击乐，分为大鼓、小鼓、大钹和马锣，历经几代人改进和创新，形成了“老鸹磕牙”“扎一扎”“单磕牙”“点鼓”“双磕牙”五套完整的鼓点套路。表演时队伍雄壮整齐，表演者头扎太平巾，身着勇士服，现场鼓声节奏铿锵，槌槌有力，声声传神。时而节奏轻似流云，时而重如排山倒海，妙趣横生，高潮迭起，场面宏大，喜庆热烈，是一种充满激情的为老百姓所喜闻乐见的民间娱乐活动，具有浓郁的地方特色和较高的历史文化价值。

扇鼓

内丘扇鼓，已列入河北省非物质文化遗产名录，民间称“打扇鼓”“扇鼓腔”，多在庙会敬神和祠堂祭祖时表演。《河北省舞蹈志·河北卷》（2002年版）记载：“扇鼓腔”流传于内丘北部中张村。因表演时边舞边击鼓边歌唱而得名。其源于何时，无史料可考。据老艺人李志春（1920—1995）讲，扇鼓腔源于明朝万历年间。因无史料可证，只有凭借艺人传说，可以看出其在中张村早已盛行。

扇鼓以扇鼓和鼓键为道具，伴奏乐器有铙、镲、大锣、鼓。表演分边走边舞的“踩街”和在固定场地“打场”演出两种形式。剧目题材广泛，有《井台会》《过江》《打鸟》等历史戏、爱情戏、社会戏和神话戏。演出时，加入了唱腔、唱词，其音调委婉悠长，

↓ 扇鼓表演中的“拉钻”动作

表情蜜意缠绵，唱词通俗易懂，舞姿优美大方，表演套路很多，有“二龙戏珠”“葫芦串蔓”“麻姑献寿”“狮子滚绣球”等。演员在表演时，分别化妆为生、旦、丑等角色，其中生的“拉钻”动作、小旦的“摇摆步”，个性极其鲜明，既有生活的真实性又有舞蹈化了的美感。

据《燕赵文艺史话》（2006 年版）记载，扇鼓腔源于巫舞，经数千年流传演变，成为河北节日里的民间舞蹈，它比蹦蹦、丝弦、老调、秧歌历史更加悠久，是集演唱、鼓乐、舞蹈三种艺术为一体的民间娱乐活动，在题材、音调、风格等方面都有自己鲜明的特色，成为独树一帜的传统扇鼓舞艺术，具有重要的历史研究价值。

跳世平

内丘县跳世平，已列入河北省非物质文化遗产名录，是流传在金店镇西张村一带的一种特殊的民俗，专为祭祖表演，有近五百年的历史，包含着丰富的孝悌文化内涵。

↑ 2015 年西张村李氏祠堂祭祖“跳世平”

据李氏家谱记载，明太祖洪武二年（1369）李氏宗亲从山西洪洞迁来，传说李氏子孙跟随燕王朱棣南征北战，明成祖朱棣登基后，对李氏宗族大加封赏，并御赐对联：“披坚执锐甲胄生虱辅始祖，诘奸刑暴忠进忘私弼列祖。”李氏宗族将此联高悬宗祠祖案，以示荣耀。为感念皇恩，进行祭祖时创演了“李家跳世平”歌舞，属于宗族传承的一种民间艺术。

跳世平乐器中只有一面小云锣用来控制节拍，演员不论生、旦、净、末、丑都是由男性来扮演。旦角为了展示女人“三寸金莲”，需在腿上绑上木制小脚来表演，举手投足窈窕妩媚。演出前要在祖宗案前焚香跪拜，实际是一种传统的祭祀形式。表演方式为边舞边唱，动作优美大方，腔调婉转动听，主要剧目有《锔缸》《上庙》《十二月》《两头忙》等，内容以寄托美好生活、祈求五谷丰登、追求爱情幸福等为主，体现了淳朴的民风民俗。

梅花老架

梅花老架，已列入河北省非物质文化遗产名录，是大孟村镇西庞村一带流行的一种民间武术，因在梅花状的置地木桩演练转成落地演练而得名。清咸丰年间兴起，盛于光绪年间。光绪二年（1876），西庞梅花老架传人郑老万在山西和顺一带授技兴武，开办武馆，以高超武艺荡平当地匪患，百姓为表谢意，联名送“扬名盛德”金匾。现已有六代传人，弟子遍布晋冀鲁豫等地。

↑ 西庞梅花老架为乡亲丧葬送殡

梅花老架既适于表演观赏，又有强身健体、搏击制敌的功能，动作朴实大方、威武雄壮，拳路多样，变化无穷，在技击、擒拿等方面独具一格；以“目”“手”“身”“法”“步”等各个环节相融通，同阴阳八卦五行相涵连，行拳之中，犹如梅开五瓣，综错有致，形如流水，花样重叠，兼有大势、小势、顺势、逆势，不断循环往复，形成“四两拨千斤”“手变拳、拳变手”“请进来、送出去”“将计就计、变化多端”等招式技法，也形成自己门派大开大合、随机应变、变化无穷、拆天补地的鲜明独到技击特点。民间尚有西庞梅花老架“锤打南北二京，脚踢黄河两岸，京安路上无敌手”的赞誉。

南调

南调，已列入内丘县非物质文化遗产名录，又称河南调，起源于磁州（今河北省邯郸市磁县）怀调，从清朝康熙年间就开始在金店镇北张麻村演唱。其以主弦乐器伴奏，高拉低唱，主胡拉正弦，

↓ 金店镇北张麻村民在表演南调

反弦辅佐之，笙、唢呐、二胡、笛子、梆子等乐器和声配合，音域较窄，音色清脆。传统剧目有《棘阳关》《卿茶虎》《王小赶脚》《杨家将》《潘杨讼》《燕王扫北》《开店》《懒老婆》《铡赵王》《秦英征西》《岩岭山》等三百多出，生、旦、净、末、丑行当齐全，人物刻画细致。演员的行头分衣、盔、杂、把四大箱，按演出顺序摆放，以保证演员穿、扎、戴、挂、拿有条不紊。

抬杠箱

相传，汉代张角领导的黄巾军在凌霄山上和汉军展开激战，黄岔村一带的村民，用杠抬着装满粮食食品的木箱给黄巾军送军粮。

↓ 黄岔村村民在老神庙群前表演“抬杠箱”

后来这一活动形式流传于民间，成为今天黄岔村一带祭祀张角的民间乡艺活动。

抬杠箱，已列入内丘县非物质文化遗产名录，主要分布在南赛、獐獏、侯家庄乡各村，属青壮年表演的民间乡艺活动。由两人抬着的一种独杆小轿子，最早选用实木做成轿箱，箱内装五谷杂粮，需两个壮劳力抬着。在抬的过程中，俩人要踩着锣鼓点，边走边扭，进行精彩表演，不准用手扶，轿杆在俩人的脖子、肩膀、脊背、胸前各处灵活地移动：可以面对面用脖子“绕脖”抬，前后撵用肩膀“追赶”抬，背对背用脊背“分道”抬，脸对脸用胸“顶牛”抬；沿街转场子时，有“前行后倒”“前蹲后仰”等表演形式。抬杠箱较费体力，中间可以换人分班轮流抬。

抬杠箱表演，因杠箱沉重，只有壮劳力能抬动，不利于众人参与。后经演变，木质的小轿、杠箱换成布做纸扎，四面绘上梅兰竹菊四花和石榴、寿桃、葡萄、佛手四果及葫芦、团扇、宝剑、莲花、花笼、渔鼓、横笛、阴阳板暗八仙图案。布做纸扎的杠箱小巧、轻盈，男女老少均可抬演，不受人数限制，可单组、双组、多组表演。

黄巾太平调

黄巾太平调，已列入内丘县非物质文化遗产名录，俗称吹响器、响器班，是以吹唢呐为主的吹、奏、敲、打乐器节目，是农村婚丧嫁娶必不可少的一项活动，分布在县域各村。黄巾太平调的乐器主要有唢呐、板胡、二胡、三弦、琵琶、铙钗、梆子、小锣、笙、锣、鼓、笛等；人物主要有老生、小生、老旦、花旦、净、末、丑七种角色。相比中国戏曲节目中的吹拉弹唱专业表演，民间称其为草台班子、乱碰班子、乱凑班子，弹奏乐器有三四人、扮演角色有两三人即可组班表演；说唱打念要求也不严格，剧目多以诙谐有趣内容为主。

↑ 官庄村正月十五祭火神的响器班子

黄巾太平调，民间传说来源于汉代黄巾军所吹奏的太平道乐。汉代张角在黄岔村南凌霄山一带传教“太平道”，收信众，设三十六方，准备发动黄巾军起义。正巧有一村民娶亲，路过黄巾军关卡。张角为了安抚百姓，派信徒吹奏太平道乐，在花轿上插艾为记，传令一路护送放行，将新娘安全送到新郎家。从此在内丘及周围一带，留下结婚娶亲“要艾”（谐音“要爱”）、吹太平道乐的习俗，后演变成吹响器。

响器班子，一般是由一村或邻近几个村喜爱器乐、粗通乐谱的一班人组成，他们农忙务农，农闲练曲，一旦谁家有事，临时组队，随请随到。最小的响器班子，三五人就可组成，一人锣鼓，一人铜钹，一人唢呐，一声揪心的长调，演出就开始了。他们除在本村婚丧嫁娶、节庆庙会进行表演外，还到邻近村演出。随着社会需求越来越多，许多村也逐渐成立了响器班子，传遍全县，逐步流传到全国。

街头巷尾的民间游戏

民间游戏，是指流传于人们生活中最常见、最普遍、最有趣的嬉戏娱乐活动，俗称“玩要”，分儿童游戏和成人游戏。

儿童游戏　不加玩具的游戏种类有碰拐、藏老闷（捉迷藏）、摸瞎子（摸人）、老鹰抓小鸡、挤尿床（挤人）、猫抓老鼠、掰腕子、撂骨碌（摔跤）、抬花轿、猜猜猜（布、剪、锤）、照手影等；借用玩具的游戏种类有拔河、丢手绢、凿杏核、推铁圈、打弹弓、打雪仗、打陀螺、打四角、打三角、打秋千、放风筝、弹珠、扔团（扔沙包）、抄绞、扔杠、拿石子、蹬琉璃球、踢团（踢毽子）、夹团、跳皮筋、戳瓦跳方等；口念歌谣的游戏种类有拉大锯、拍手谣、捻指谣、大杨树解大板、对金走对银走、盘脚盘等。

↑ 游戏玩具——荡秋千

成人游戏　花会类，有排鼓、扇鼓、跳世平、梅花老架拳、二郎拳、抬杠箱、南调、黄巾太平调（吹响器）、回回（一种民间舞蹈）、拉碌碡、舞狮子、扎高跷、二鬼摔跤、推太平车、跑竹马、跑驴、跑旱船、大头舞、扭秧歌、打钱杆、打腰鼓、擢杆、猪八戒背媳妇、武大郎挑担等；娱乐类，有下象棋、下跳棋、打扑克、打麻将、斗鸡、斗蟋蟀等；游泳类，有扎猛子、狗刨、侧泳、仰泳、立浮、蛙泳、蝶泳等；走子儿类，有走牛角、打兔子、下六方、占山、九子围葫芦、上京赶考、鸡毛蒜皮、中国打日本等。

载入史志的奇闻异象

紫荆树的灵性

明崇祯《内丘县志》记载：“隋，田真、田庆、田广兄弟欲分财，堂前紫荆花叶茂盛，议分为三，晓即憔悴。真叹曰：‘树本同株，闻分尚耳，人何不如？’遂不复分，紫荆复茂。今城北田村即其处。”明代冯梦龙的《三言二拍》也记有此事。

桃花巷的旋风

清康熙《内丘县志》记载：“万历三十七年六月十九日，大冯村高准素不孝，其父三日三祷于桃花巷，是日，黑风起自桃花巷，诣准家。其母曰：‘寻吾高准耶？准在东地锄田。’风遂至其地，准与兄惧而奔。兄无恙，准背爪痕腐烂黄焦，所荷锄木烬而金流。”今之解为遭雷击。

海市蜃楼

明崇祯《内丘县志》记载：“中丘响岗而东南，为双峰为永固岗为蓬山，其山形盘旋交杂，外圆中虚，山巅有窍，大如盘，朝出云气，为城市楼阁，或唐山相连四十余里，如长虹然，日出乃解。”今之解为“海市蜃楼”奇观。

学田疑案

明崇祯《内丘县志》记载："处士庵，林伯始聚徒讲道处。在中丘驿前方，十亩许。"主编该县志的乔中和因此句记载，为其乔家后代引来了一段公案。清康熙《内丘县志》记载，元代乡贤"林起宗，字伯始，号鲁庵，自幼力学，不喜仕进，每以圣贤自期。闻容城刘文静公名，往从之，立门三日。文静嘉其志，授以程朱正传，深得道学之旨。既归，教授于乡，弟子从学者甚多。"明代乡贤"乔中和，字还一，资性过人，累官知县、通判，兼摄政篆吏。畏民怀，自解组归里后，日以著述为事，伏腊无间者三十余年。崇祯间，巡按李模颜其门曰：德荣稽古，复为具疏，题请诏旌理学名臣。每遇公事，辄亢爽条陈，人服其直。壬午年纂修邑志。"旧志记载中丘驿前有学田四亩，林公书院四亩。明弘治年间（1488—1505），庠师杨文升曾作诗提及，林公书院四亩之地只是"半存"，"百年以来四亩书院如故"。乔中和在崇祯十五年（1642）编修《内丘县志》时，"约略林公徒众非四亩能容，定为十亩。时乔见心先生力争曰：在今日为约略之词，在乔氏为异日之患。"乔中和认为"无虑"。"后林氏苗裔果执庠师之诗与十亩之说，构讼。官长凭臆以断，令乔氏补讫。"当时乔中和已殁，林起宗已葬于地下二百余年，"而见心先生固在也，因存此一段公案，以破疑端云"。

中国民间文化遗产抢救工程
THE PROJECT TO CHINESE FOLK CULTURAL HERITAGES

内丘民风淳厚，是一块自然和谐的土地。千百年来，随着历史变迁，岁月更迭，人们受自然条件、文化差异的影响，形成传统的民俗节日、人生礼俗、庙会活动等风俗。在内丘县域787平方公里的沃土上，形成了“十里不同风，百里不同俗”的格局。

↓ 内丘牛王庙会

第五章
节庆民俗

丰富多彩的传统节日

传统节日，是在固定或不固定的日期内，以特定主题活动方式，约定俗成、世代相传的一种社会活动。我国传统节日包括春节、元宵、清明、端午、七夕、中秋、重阳、寒衣、腊八等节日，分为祭祀、纪念、庆贺、社交、游乐等节庆活动。在这些传统节日里，内丘的节日既融入我国传统符号，也析出了自己的独有特点。

↑ 春节内丘农村大街上挂起彩纸吊挂

↑ 春节内丘农村大街上挂起灯笼

春节

春节，古称元旦，俗称过年，是我国最盛大、最热闹、最重要的一个古老传统节日，也是中国人所独有的节日。明崇祯《内丘县志》记载："元旦祭天地祖考，门设神荼郁垒象，剪彩罗，曰迎新岁。"

过年在内丘有大、中、小之分。过大年自农历腊月初八至次年二月二"龙抬头"结束，长达55天，也就是俗话所说："过了腊八都是年，二月初二才过完。""过了二月二，那才没年味。"民间有歌谣："小孩小孩你甭馋，过了腊八都是年。"

过中年，分两种，一是从“腊八”开始到正月十七送天地神结束，共40天；一个是从腊月二十三祭灶开始到正月二十五填仓日结束，共33天。民间有歌谣：“糖果祭灶，新年来到，闺女要花，小子要炮，老头子要顶新毡帽，老太太要块新裹脚（旧时妇女裹小脚所用之布）。”过小年，即从腊月二十三到正月初七，严格来说从腊月二十三晚饭后祭灶、送灶王上天“述职”之后，到正月初七早上香点烛过人日开始，过小年结束，共15天。也就是俗话所说的“年半月”。

内丘村民最忙的日子，除了春种、夏管、秋收季节外，冬季最忙要算腊月备办过年了：杀山羊包饺子，屠年猪做腌肉，宰公鸡敬财神；磨豆子点豆腐，粉黍米撒年糕，糗豆馅做豆馍；炸面菜、炸小果、炸面叶，蒸馍馍、蒸枣花、蒸花卷。还需收拾房屋庭院，拆洗棉衣被褥打扫卫生；写春联、糊灯笼、剪吊挂、揭神码贴嘎嘎；挑新衣、购鞭炮、选糖果、买烟酒办年货。一进入腊月，家家户户总是忙忙碌碌，贴嘎嘎（包括贴春联、窗花、年画、神码，挂吊挂、灯笼），请神祭神，除夕守岁发压岁钱，起五更串全村拜年，同族人拜祠堂，串亲戚，呈现出一派忙着过年的景象。民间有忙年歌谣：“年年腊月二十三，糖瓜祭灶把嘴沾；二十四扫房子，二十五做豆腐，二十六去剌（割）肉，二十七打糕宰公鸡，二十八蒸馍贴嘎嘎（花花），二十九打酒挂灯笼，三十后望（晚上）吃饺子，大年五更乱磕头。初一串本家，初二拜舅舅，初三走丈人，初四看姑姨，破五送穷（向外扔垃圾、破旧衣物）不出门，初六兴叫老闺女（出嫁的闺女由父母或兄弟也可指派子侄去婆家叫，为儿女亲家走动）。”这就是内丘人忙年过年的真实写照。

春节村民宅院门口贴春联

春节内丘年集“揭”神码

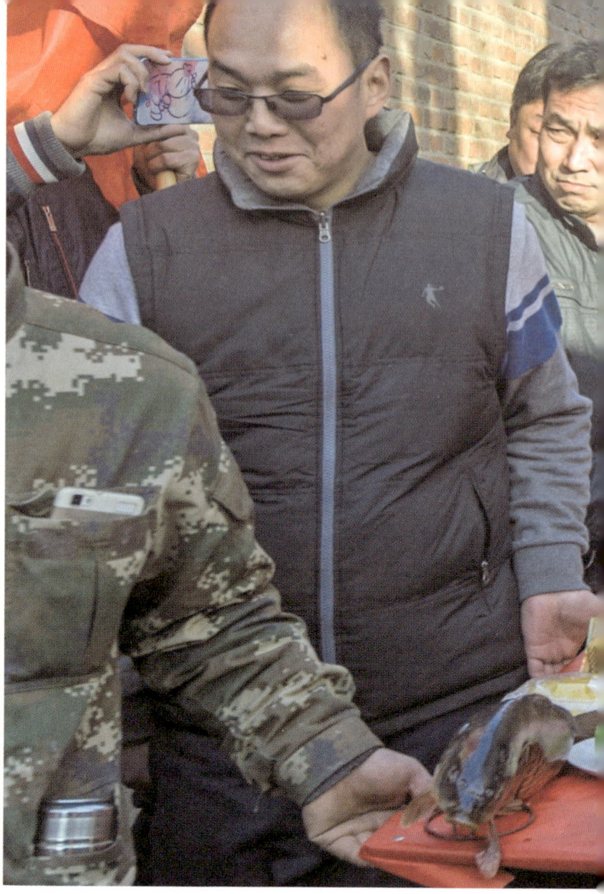

2013 年春节西张村李氏祠堂拜祖活动

2015 年春节南双流村“拜官房屋”上供活动

春节村民宅院门口挂灯笼

清明节

清明节是中国二十四节气之一，也是我国重要的传统节日之一，为每年阳历4月4日或5日，已有二千五百多年历史，古时又叫踏青节、三月节、祭祖节、扫墓节、扫坟节、鬼节等，是人们祭奠祖先、缅怀先烈的节日，是中华民族认祖归宗的纽带。

↑ 清明节上坟

明崇祯《内丘县志》记载："清明前一日曰寒食，又前一日曰一百五，谓冬至至此一百〇五日也。三日皆可祭墓，既漼（流泪哭泣）既燎罗（焚烧祭品）坐墓前。寒食神惠介之推遗意也。妇女作秋千戏。"

内丘在清明节进行祭祖扫墓活动，俗称上坟、烧纸。出嫁的闺女要为过世的老人准备花用的冥币、冥品等烧燎和供品，需提前几天上坟；儿孙们在清明节当天上坟、烧纸，一般在早晨日出前或中午以前进行。随着社会发展，现今清明节子女儿孙都相约同一天上坟，祭奠先人。

端午节

端午节俗称过五月单五，为每年农历五月初五，是为纪念屈原，颂扬他忠君爱国的精神，多以包粽子、吃粽子、往江河投粽子等形式来纪念。明崇祯《内丘县志》记载："五月五日戴艾虎以僻五毒，童子以五色线系臂谓之续命，亲友以角黍（黍米粽子）相遗。”

内丘过五月单五，除有包黍米粽子习俗外，主要是在家门口插艾避邪。一年一度五月单五来临之际，各家各户采来艾蒿，或插到街门门框上，或靠着门框搁置门墩石上，寓意驱邪、避灾，可保一家人口平安，百病不生。

相传，东汉末年张角在内丘凌霄山一带聚义黄巾军起义，以门口插艾为记，保穷苦百姓平安。这一天正巧是五月单五，从此，在端午节留下了家门口插艾的习俗，一直流传至今。

中秋节

中秋节又称月夕、秋节、仲秋节、八月节、八月会、追月节、玩月节、拜月节、女儿节或团圆节，是中国四大传统节日之一。我国农历一年分为四季，每季又分为孟、仲、季三个部分，因而中秋也称仲秋。中秋节在农历八月十五，其恰值三秋之半，故名。明崇祯《内丘县志》记载：“中秋夜为月饼作太阴象，设瓜果酒祭之，因相招饮，曰玩月。”

内丘称中秋节为过八月十五，也有祭月、赏月、拜月、吃月饼、饮酒等习俗，但最具特色的是烙月亮形饼祭月。中秋节这一天，全家人都赶回家过八月十五，设香案，摆上月亮形饼、月饼、柿子、石榴、苹果、梨、红枣、沙果、葡萄等祭品，其中月亮形饼和月饼、柿子和苹果是绝对不能少的。民间认为以月之圆寓意人之团圆，以分食月亮形饼和月饼寓意祈盼团圆、幸福；柿子和苹果寓意事事平安。分食时，预先算好全家共有多少人，在家的、在外地的，都要算在一起，按人数切成块，不能切多也不能切少，大小要一样。在月下，全家人团聚拜月，吃月饼、月亮形饼、水果，回不来的家人，也借拜月寄托对故乡和亲人的思念之情。

过八月十五分食月亮形饼，在民间还留下一个传说。元末，朱元璋为了称帝，通过传送夹带消息的月亮形饼，号召农民军于八月十五日晚起义，杀元朝士兵。之后在内丘留下了过八月十五烙月亮形饼相互赠送的习俗，表示平安、团圆、吉祥、幸福。现今，随着人们生活水平日益提高，过八月十五烙月亮形饼已不常做，通常被月饼所代替，但很多人依然自己配馅做月亮形饼。

↓ 内丘村民过八月十五

趣味十足的民俗节庆

我国的民俗节日丰富多彩，但各地有各地不同的特点。内丘至今还保留了许多带有原始信仰的人日节、捏老鼠嘴儿、烤扫把、祭火神、烤杂病、请灶姑姑、扛布袋、过二月二、过半年儿、过冬至、上平安供、猪祭供、祭灶、咬春等民俗节日，彰显了这片土地上那份淳朴的民风，多彩的民俗。

人日节

人日节，为我国民间民俗节日。汉代东方朔《占书》载，农历新年的首八天为人和不同畜牧作物的生日，依次序为“一鸡，二狗，三猪，四羊，五牛，六马，七人，八谷”。人日，是指每年正月初七，亦称人胜节、人庆节、人口日、人七日等。传说女娲初创世，在造出了鸡、狗、猪、牛、马等动物后，在第七天造出了人，因此这一天是人类的生日。汉朝开始有人日节俗，魏晋后开始流传开来。南北朝《荆楚岁时记》记载：“正月七日为人日，以七种菜为羹，翦彩为人，或镂金簿为人，以贴屏风，亦戴之头鬓，又造华胜以相遗，登高赋诗。”

明嘉靖《顺德府志》记载，明代顺德府知府孙锦题诗《人日内丘对雪》：“春色天涯兴自偏，冬云残月映晴川。灯前采胜（胜，妇人首饰也；汉代谓之华胜）酬佳节，客裹椒花媚远天。极目山城寒带雪，傍人春树暖和烟。垂鞭忽忆长安道，玉宇琼楼似去年。谪□谁能慰所思，雪花春酒两相宜。一行玉树明朝日，午夜金樽倒接离。画栋即看飞燕子，翠微何处转黄鹂。惭无勋业酬明主，且与春光共转移。”明崇祯《内丘县志》记载，明代邑人崔数仞曾作《人日祭王公子祠》诗，又记载乔中和撰《人日祭王公约》碑文。从古诗、碑文中可知，明代内丘在过人日节时，有祭祀先哲圣贤和妇女买首饰自戴或互相赠送的习俗。时至今日，人日节已淡出人们的生活，只有少部分老人在人日节这天上庙进香，或做碗长面吃，称之“拉魂面”，寓意长寿。

捏老鼠嘴儿

捏老鼠嘴儿，是内丘农历正月初九晚上的一项民俗活动。传说，正月初九深夜是老鼠娶亲、嫁女的日子。老鼠是十二生肖属相之首，繁殖能力极强，此时正是新旧岁时交替时刻，也是鼠类繁殖的高峰季节，人们贺老鼠娶亲、嫁女，具有除旧布新、祛灾纳吉的象征意义，更是借老鼠成亲之寓意，期盼子孙繁衍、后继有人、多子多福、家族兴旺，展现了人们最原始的生育崇拜。

↑ 村民“捏老鼠嘴儿”

这天，家家户户都要包饺子。包饺子时要捏紧，俗称捏老鼠嘴儿，意思是让老鼠少祸害东西。老人还常常会包一些老鼠形状的饺子，有嘴、有耳朵、有尾巴，还用绿豆当作眼睛，并在墙角瓮底等处及老鼠出没的地方，置放生饺子，希望老鼠拉（拖走）生饺子，取其“拉生”字意，即帮助放生饺子人家多拉来一些、多生育一些子嗣之意。正月初十早起人们将饺子煮熟吃掉，意为灭鼠。人们捏饺子贺老鼠娶亲，又吃饺子寓意灭鼠除害，这是人们在矛盾心态中选择的一种趋利避害行为。

烤扫把

烤扫把又称烤老鼠爪，是内丘农历正月十二早晨的一项民俗活动，多在山区农村进行。大人带着孩子念叨："打、打、打旮旯，十个老鼠九个瞎，留下一个拔眼的，眼里长个萝卜花！"一边念叨一边手拿着木棍敲打着可能藏老鼠的地方，比如土炕的炕洞里、墙角的老鼠洞里、墙根的砖缝里、木柜底下的布鞋里、牲畜棚里、柴房里、厕所里，凡是犄角旮旯都要敲打个遍。人们用家里一年积攒下的笤帚、扫帚疙瘩，打扫家里墙角、床下、粮囤间等可能藏老鼠之地，意为扫老鼠；把用过的这些笤帚、扫帚疙瘩拿到门外点燃焚烧，小孩拿鞭子甩打，意为撵走老鼠，鞭子甩得次数越多，甩得越响，表示撵的老鼠越多越远。

祭火神

祭火神，源于对燧人氏钻木取火的崇拜，已列入内丘县非物质文化遗产名录，是官庄镇官庄村一带农历正月十五、十六举办的一种特殊民俗活动。仪式分为请、祭、娱、送四个过程。农历正月十五早晨，在村街搭火神棚，敲锣打鼓从"大头"（组织祭火神的人）家取出火神案挂到火神棚，称"请"火神。全村各家男丁集体拜祭火神，祈求庇佑风调雨顺、五谷丰登，称"祭"火神。祭祀后唱神戏，表演传统节目打扇鼓、跑驴、拉碌碡等，一直延续到正月十六

↑ 2015 年官庄村祭火神活动

晚上，家家户户门前点篝火烤杂病、放烟火，称“娱”火神。烟火放完后，再敲锣打鼓把火神案送到新选出的“大头”家，称“送”火神。

祭火神民俗活动在官庄村代代相传，这种纯朴的民间祭祀活动寄托了劳动人民对美好生活的向往和对真、善、美的追求。

撒年灯

元宵节又称上元节、小正月、元夕或灯节，俗称过正月十五撒年灯。明崇祯《内丘县志》记载：“元宵燃灯、放花火。”

过十五在内丘农村有蒸年灯、撒年灯、撒路灯、做格档龙习俗。人们将黍米面经过烫、蒸，做成龙、狗、鸡形面灯盏；龙灯身上摁出代表十二个月的灯盏坑，闰月年份摁十三个坑，倒油插灯捻，在傍晚点燃。龙灯放在天地桌上，龙灯熄后，以坑内所剩灯油多少来预测当年农历各月份的降水量；狗形灯盏放在街门口，意为避邪；鸡形灯盏放在床上床下，意为吃虫蝎。还要在张贴神码的地方、各屋门口、台阶、房顶及街巷、村外路上等处，放上灯盏，意为照毒虫。放置各种面灯盏于各处统称撒年灯。撒完年灯，全村小孩子可进门去“偷”年灯。“偷”谐音“投”，“灯”谐音“丁”，谓之“投小登”“投丁”。谁家的年灯被小孩“偷”走，寓意谁家的孩子能成才；娶新媳妇人家的年灯被小孩“偷”走，寓意能添丁进口。

↓ 2015 年神头村民做年灯

↑ 2016 年小西村民房顶撒年灯

↑ 放在水瓮中的格档龙和年灯

↑ 2015 年神头村民烤杂病求子嗣

山区人们还将高粱秸秆剖开，扎十二个坑，代表一年十二个月，每个坑内摁进一粒黄豆；再用线绳把剖开的高粱秸绑住，高粱秸一头插上树枝为龙头，称“格档龙”，正月十五晚上放进盛满清水的水缸内浸泡一夜，以黄豆泡胀的程度来预测一年中每个月的降水量。内丘山区历来缺水少粮，用黄豆格档龙验看降水大小，表达了人们期盼丰收的愿望。

烤杂病

烤杂病，又称烤柏灵火，是内丘农历正月十六的一项民俗活动。在平原地区，人们吃完晚饭后，一家一户在街门外点火进行烤杂病。山区人们相对比较隆重，这天全村人起五更从各自家中拿来平日修树积攒的柏枝，集中到庙前的空地上，大家一起烤柏灵火。俗话说“众人拾柴火焰高”，随着众人不断添加干柴柏枝，火焰蹿起超过房顶，伴随着柏枝燃烧的“啪啪”声，拉开了“烤杂病”的序幕。喝烧柏灵水、分食烤年灯、柏枝扫身、烤衣服被褥、烧旧鞋帽、存放柏灵灰寓意祛百病、求长寿；俗曲唱道：“烧个枣来个小，烧个箅来个妮，烧个墩来个孙，烧个炊帚来一对。”表达了人们求子嗣等心愿。

↑ 2017 年黄岔村民烤杂病柏枝扫身

请灶姑姑

请灶姑姑，是内丘农历正月十六晚民间的一项民俗活动。传说，农历正月十六晚是灶王之女下凡游玩的日子。这一天，妇女聚在厨房，先给灶王上香点烛，再用两根苇秸分别绑上硬纸剪的纸人，由两个小孩面对面双手各对握苇秸一头，随着苇秸的颤动，让两个纸人上下翻飞，左右碰撞，请灶姑姑下凡玩耍，纸人碰撞时还念俗曲：“头哦对头哦收蚰（蝈蝈，指天旱）哦，胳膊对胳膊收蛇蚤（指天涝），脊梁对脊梁收高粱，屁股对屁股收绿豆，肚子对肚子收黍子，巴掌对巴掌收衣裳（指棉花），膝盖对膝盖收白菜，脚尖对脚尖收白面（指小麦）。”请灶姑姑时，十岁以下男孩可在厨房，十岁以上男子禁进厨房。民间认为，灶姑姑还未出嫁，羞于见男人，若男人必须进厨房，需用红布蒙脸。民间还认为，灶王是一家之主，主管一家生育之事，因灶王只有六个闺女，希望民间多生男孩，因而在年节祭灶时，有“多报拿弓拿箭的（指男孩），少报拿针拿线的（指女孩）”的俗曲。还说，男孩是灶姑姑用针缝个布娃娃送到民间的，因而就有了“巧姑姑”“拙姑姑”之说。又说，从出生的男婴“蛋包皮”（阴囊皮）就可看出来。巧姑姑缝的是“对针对”针法，左一针右一针，针脚匀实，男婴的“蛋包皮”中缝平展；而拙姑姑缝的是“挑头针”针法，捏住从一边缝起，男婴的“蛋包皮”中缝有立楞。

↑ 2006 年内丘村民请灶姑姑

扛布袋

扛布袋，是内丘农历正月二十五的一项民俗活动。传说，一年一度的添仓节是纪念一位因灾年私放官粮救民，为谢罪自焚而死的仓官。农历正月二十五是仓官生日，为添仓日，俗称扛布袋。添仓，是指农家往仓房囤

↑ 2006 年冯村村民祭仓官

子里增添粮食，当年要在原有粮食生产的基础上增加收成，多多增产，寄托了人们对于来年粮食丰收的良好愿望。

农历正月二十五这一天，家家都做布袋、粮囤、谷穗、麦穗、玉米、高粱等各种形状的面食为供品，摆在仓官神帖前，以示供奉。有人还会“跑功”“说功”娱神，为新的一年带来五谷丰登、粮食满仓的企盼和祝福。而这一时期出生的孩子，所取之名都与粮仓有关，如满仓、满囤等。

过二月二

过二月二，是内丘农历二月初二的一项民间传统习俗。“二月二，龙抬头”起源于伏羲氏，伏羲“重农桑，务耕田”，每年二月初二“皇娘送饭，御驾亲耕”。到周武王时，每年二月初二还举行盛大仪式，号召文武百官都要亲耕。后沿袭成传统节日。明崇祯《内丘县志》记载：“二月二日油煎物，香气达屋壁，熏虫儿。”

农历二月初二，内丘有吃煎油糕的习俗。这一天，民间饮食多以龙为名，以取吉利，如吃水饺叫吃“龙耳”，吃米饭叫吃“龙子”，吃馄饨叫吃“龙牙”，吃面条叫吃“龙须面”“挑龙头”，

↑ 村民做的龙须面

吃煎油糕叫吃“龙鳞”，吃鸡蛋叫“吃龙蛋”。这一天放鞭炮叫“醒龙”，妇女忌动针线刀剪，村民有藏布条的习俗，说是避蛇，民间认为蛇即龙，寓意人们期望飞龙升天，消灭害虫，五谷丰收。

过冬至

冬至，为我国农历二十四节气之一，也是重要的传统民俗节日。传说是纪念医圣张仲景为解乡邻冬日耳朵被冻而施舍“驱寒饺子”的故事。内丘过冬至有包九种菜馅羊肉饺子的习俗。传说汉代张角领导的黄巾军在凌霄山中央寨驻扎，因山高气温低，未到数九寒天，士兵的双耳就被冻伤。当地百姓送去山羊和干菜，正好是九菜一肉。恰巧这里的百姓过冬至有吃饺子的习俗，张角包了有九样菜的羊肉馅饺子与民同乐，从此，民间流传了这一习俗。这种饺子因采用多种干菜做馅，吃起来菜香浓郁。现今，也有用韭菜代替九种菜（“韭”通“九”），包成韭菜馅的冬至饺子。同时，“九”也代表冬至起数九的开始。内丘民间有《数九歌》：“一九二九不出手，三九四九冰上走；五九半冰消散，六九走路把衣单；七九河开八九雁来，九九杨穗甩（指早春杨树吐穗）；九九加一九，耕牛遍地走（指春耕）。”

↑ 村民晾晒的干菜

寒衣节

↑ 内丘寒衣节上坟习俗

我国自古以来就有新收时祭奠祖宗的习俗，以示孝敬，不忘本。古人在农历十月初一祭祀祖先，有家祭也有墓祭。明崇祯《内丘县志》记载："十月一日祭墓，剪彩纸为衣裳，焚之，曰送寒衣。"

农历十月初一，也是冬季的第一天，此后天气渐渐寒冷，人们怕在冥间的祖先缺衣少穿，因此，祭祀时除了食物、香烛、纸钱等一般供物外，还有一种不可缺少的供物——冥衣。在祭祀时，人们把冥衣焚化，叫作"送寒衣"。

腊八节

腊八节是我国民间传统节日。传说，这一天是纪念佛祖成道日。明崇祯《内丘县志》记载："十二月八日，合五谷加枣作粥，祭诸神，盖所谓腊也。古以上戊（农历每月上旬之戊日）祭八腊，今误为第八日。"

内丘称腊八节为"过腊八日儿"，民间留有"腊八日儿，过几天，哩哩啦啦就过年"的童谣，人们在这一天还有用杂粮做腊八粥进行谢祭及腌腊八蒜等习俗。

传说一 一对好吃懒做的夫妻，坐吃山空，最后一餐吃的是各

↑ 金店村民往树上抹腊八粥

粮囤捡拾的杂粮，腊八这天冻饿而死。为了教育后人，人们开始在这天吃腊八粥，一直延续至今。

传说二　为了感谢天地万物馈赠的食物，要把腊八粥抹到树木和花草上，并喂一些给猪、鸡、猫、狗、鸟雀等动物，以示感谢它们为人类提供了食用的果实肉蛋、看门捉鼠，人们还流传讲述“狗盗谷种雀求粮”的故事，表达了人们对天地万物的敬畏崇拜。

上平安供

上平安供，是内丘民间传统节日习俗。我国是国际公历（阳历）和中国农历两套历法并行，并把我国的节气按照阳历排列，每月两个节气，日期相对固定，而这些节气在农历中的日期却不断变化，特别是立春节气，有时农历年份出现“一年两头春”或“无春”的现象。

民间认为这样的年份异常，易有灾祸，故形成年年在打春前上平安供的习俗。一般在进入腊月至立春前举行，先做纸扎祭品金山银山，蒸各种鸡、鱼、桃等面食供品，再准备水果、点心、香蜡纸箔，摆在天地桌前，善友（巫师）执三炷香率主家跪于天地桌前，进行挂号、表功、许愿、还愿、焚烧祭品及号令、升表启文放鞭炮，祈求天地避祸驱灾，保佑家和万事兴。

↑ 2016 年小辛庄村民在上平安供

猪祭供

↑ 2016 年礼义村民上猪祭供

猪祭供，是由古老的腊祭演变而来，是人们为还愿而进行的一种古老的祭祀仪式。在内丘一带的农村，春节前仍可看到类似这种敬天地的活动——猪祭供。上猪祭供时间在进入腊月至祭灶之前进行，人们选一良辰吉日，杀一头肥猪，把它供在庭院中的天地桌前。天地桌中央贴有“天地三界”神码，桌上摆满香火、蜡烛、面馍、酒菜等供品，在大供桌前焚烧五彩纸，黄表纸，金银元宝（纸扎），纸剪做的衣袍、裙、帽、靴和旗、伞等，并请来善友，手敲扇鼓、脚踩舞步、放声唱诵（跑功或说功），以此来报天恩。祭祀过程繁杂，耗时长，单猪供品需准备一年，平时多精饲料喂养，忌食人尿屎；其他供品也需准备半月之久。这种以天地为中心的信仰体系可以追溯到远古的原始崇拜，具有原始的宗教色彩。

祭灶

祭灶，是我国传统习俗节日，在农历腊月二十三晚上或二十四早上举行。明崇祯《内丘县志》记载：“十二月二十四日祭灶，以豆以草饲其马也，以糖粘灶门，曰勿道人间事于上帝。”

民间认为，灶王有“察一家善恶，奏一家功过”的职责，这一天是灶王爷上天述职的日子，也是灶王爷点家里人头的日子，全家人都要回到家中以备灶王爷“点卯”，即使人回不来，主祭的家人在表诵时也要念到名字。祭灶最特殊的祭品是麦芽糖做的糖瓜，那是为灶王爷准备的，人们还把糖瓜抹到灶王爷的嘴上，再敬上三杯白酒，以示让灶王爷到天上多说好话。同时，也要为灶王爷的坐骑备上豆子和草料等祭品。祭灶时常念叨：“年年腊月二十三，糖瓜祭灶把嘴粘，打发灶王爷上了

↑ 神头村民在祭灶

天。好话多说，赖话少说，抛米撒面你甭说。多报拿弓拿箭的，少报拿针拿线的。”然后把灶王爷神码揭下烧掉，意为送灶王爷上天汇报去了。年三十再把灶王爷请回家。祭灶，虽说是传统习俗，但在老百姓心目中，人们的一言一行都在灶王爷的监督之下，做人要自律，规范自己的言行。

咬春

咬春即立春节，俗称“打春”，是我国传统二十四节气之一，也是过年被称为“春节”的重要原因。明崇祯《内丘县志》记载：“立春日以白萝萄为菜，五辛为春盘，面为春饼，谓之咬春。”内丘农谚有“年年春打六九头”之说，就是说从冬至日开始数九，到六九的前一天便是立春。这个时日一般在农历腊月底前后。立春，表明春天开始，象征万物生发，一冬的沉寂即将结束，因此立春是农时中一个重要节日。据《礼记·月令·孟春之月》记载：“立春之日，天子亲率三公九卿、诸侯大夫以迎春于东郊，还反，赏公卿大夫于朝，命相布德和令，行庆施惠，下兆于民，庆赐遂行，毋有不当。”由此可知，立春是古代朝野极其重视的节日。

内丘在立春这天主要有咬春、躲春之俗。咬春是食用一种面食，用葱、姜、蒜苗、韭菜、萝卜做馅，小麦面做皮，卷成面食（俗称春卷）或包成素馅饺子，可蒸可炸，忌吃荤，表达五谷丰登、人畜兴旺的愿望。躲春是在立春的时辰内，有小孩的人家抱着小孩往人多的地方走，或站在人丁兴旺的人家门檐下，意为借人气避灾。

原始淳朴的人生礼俗

人生礼俗是整个人生历程的实践见证和标志。我国素有“礼仪之邦”之称，古书《中庸》有“优优大哉，礼仪三百，威仪三千”的记载；《礼记》有“朝观之礼，所以明君臣之义也；聘问之礼，所以使诸侯相尊敬也；丧祭之礼，所以明臣子之恩也；乡饮酒之礼，所以明长幼之序也；婚姻之礼，所以明男女之别也”。内丘传统礼俗中，影响较大的莫过于婚嫁礼、丧葬礼、诞生礼以及采摘、拜干亲等礼俗。

婚俗

“男大当婚女大当嫁”，婚姻是人类繁衍的一种最基本的、独有的形式，它承受并发展了人类祖先赋予的文化意义，并在人类发展的历史长河中逐渐习俗化、理性化、社会化和规范化。明崇祯《内丘县志》记载：“婚姻论财夷，虏之道。旧时纳聘，以米、麦、猪、羊、花红布、帛相竞富者，或三车五车，或数袋，甚至一酒一肉，皆不失荆布之意。万历初，始易以钱，乡邻诮为买卖亲家。后又易以银，相沿久，不复言粟矣。”

↑ 神头村民婚礼上的送嫁妆

内丘各地婚嫁礼俗大同小异，主要分为订婚、娶亲、回门三大程序。

↑ 内丘婚俗中的鹊桥

传统的婚嫁礼俗繁琐复杂，如有寓意子孙绵延的抱包袱、压炕、铺布袋、扫床等习俗，有与女娲和伏羲传说相关的盖“蒙脸红”习俗，有与周公和桃花传说相关的戴铜镜、射箭等习俗。旧时还曾有指腹为婚、娃娃婚、寡妇婚、活头婚、续亲婚、纳妾婚、扶正婚、抢婚、童养婚、对房婚、入赘婚、错房婚、交换婚、表亲婚、冥婚、娶阴妻等陋俗，现已绝迹。中华人民共和国成立后，移风易俗，简朴文明的旅行结婚和集体婚礼已被广大青年所接受，形成新的风尚。

婚俗中保留的一些避凶迎喜、早生贵子等传统礼俗过程，已成为当今婚礼中的喜庆点缀。

丧俗

民间有“有生就有死”的说法。如果婚姻是人类赖以繁衍、绵延的求“生”方式，那么丧葬就是人类死后的归宿，一种“生”的延续。丧葬习俗流传至今，已经有几千年历史。世界上各个民族都有自己的丧葬习俗。虽然丧葬品及丧葬程序不断简化，但是主要内容并没有太大变化，家家躲不开，离不了。明崇祯《内丘县志》记载：“丧事，初丧孝子蓬跣，妇女及诸幼哭燎于城隍庙，曰魂或隶焉，乡居则诣土地庙。三日成服，亲友来吊。每七日作佛事，谓度

黄岔村丧俗中的“吉利净宅”

西张村丧俗中出殡抬架

内丘丧俗“烧七纸”

西庞村丧俗中的“收头披挂”

黄岔村丧俗中缀着籽棉花的孝帽

一阎罗王，至七七至。或以阎罗十，至十七而止者。”

内丘传统丧葬礼俗主要分为停尸、办丧事、装殓、出殡、下葬五大程序。丧期分排三、排五、排七等。丧礼后要烧七纸、百日纸、周年纸等，三年后在清明节、寒衣节上坟祭祀。丧俗中，用籽棉花蘸槐籽水为死者净面，儿子、闺女直系亲人孝帽上缀籽棉花，寓意子嗣绵延；往棺材中放布鸡枕，孝子用镢头刨墓穴四角，用铁钳子夹着烧热的铁犁尖边倒醋边转宅院，称“吉利净宅”，寓意驱凶求吉；孝子摔老盆、收头披挂，寓意常留富贵。丧俗中这些求子、求吉纳福的习俗，充分体现了人们祈求子嗣和富贵的愿望。中华人民共和国成立后提倡丧事从简，形成新风尚、新习俗，火葬在内丘农村逐渐推广。

↑ 宅门上的葡萄木雕

生育习俗

生儿育女是繁衍子孙后代、维系宗族的头等大事，历来受到人们的重视。从怀孕到降生，到满月、百日、周岁、过生日，人们总是想方设法举办各种礼仪活动祈求护佑，希望早得贵子；孩子出生以后，能够健康成长。

在内丘，原始生育崇拜处处可见：在建筑上，街门楼的砖雕、木刻、家具彩绘雕刻多有鱼、葡萄、莲蓬、老鼠偷葡萄等图案；在内室挨炕之墙贴胖娃娃抱鱼、胖娃娃举莲蓬画，窗户上贴石榴图案的剪纸，中堂挂松柏画。民间认为葡萄、莲蓬、石榴、松柏皆多籽（谐音“子”），鱼与老鼠多子，借其寓意，可多子多孙。

内丘民间生育习俗有怀孕前到庙寺求子拴娃娃、怀孕后孕妇禁忌习俗，有小孩降生后报喜、亲朋好友为新生儿过十二天、过满月、过百天、过周岁的习俗，有为新生儿铰满月头、为小孩穿衣习俗，还有为小孩驱惊吓、娇养的习俗等。最具内丘特色的是小孩需穿一身青衣、一身红衣、必穿虎头鞋才能成人成才的习俗。

传说这来自汉代孝子郭巨孝母埋儿感动天地得黄金的故事。郭母为给孙子郭存压惊，做虎头鞋让孙子穿上避邪，郭存平安长大并被举荐为官，由穿青衣的一介百姓，成为穿官衣的朝廷命官。在内丘也就留下这一特殊习俗。民间各种生育礼俗中无不贯穿着吉祥的用意，对多子多福、儿孙满堂理想的追求。伴随科学知识的普及和医疗条件的改善，一些生育习俗逐渐淡化，但也有一些传承下来。

↑ 神头村生小孩人家往门搭吊上系红布条

↑ 宅门墀头鱼纹砖雕

古老传统的乡村庙会

《辞海》（上海辞书出版社，2000 年版）对“庙会”一词释义为：“庙会亦称庙市，中国的市集形式之一，唐代已经存在，在寺庙节日或规定日期举行。一般设在寺庙内或其附近，故称庙会。”

内丘大小庙会众多，有涉及河北省外及港澳香客的扁鹊庙大型庙会，有涉及周围县市的城隍、玉皇、关公、牛王、火神、二郎、土地等各庙中型庙会，有涉及周边几个村庄的老母、三官、龙王等各庙小型庙会，有只涉及一村的柳王、桥神等庙香烟庙会。

↑ 2018 年内丘牛王庙祭牛王活动

内丘的庙会都有其独特的文化个性。道教庙会有东岳庙、碧霞元君庙、玉皇庙、后土庙、姑姑庙、扁鹊庙等庙会；佛教庙会有且停寺、福胜寺、清凉寺、观音堂等庙会；世俗神庙会有土地庙、龙王庙、火神庙、老母庙等庙会；人祖庙会有三皇药王庙、哥姐庙庙会；祖师庙会有文庙庙会；英雄庙会有关帝庙、巾帼英雄庙等庙会。与传统节日有关的庙会有元宵节北阳村火神庙放烟花庙会，清明节神头村扁鹊庙祭祀医祖扁鹊庙会，端午节官庄村五瘟庙谢神庙会，七夕节内丘城东街玉皇庙牛郎织女鹊桥相会庙会，重阳节内丘城南关碧霞元君庙拜寿庙会。年节期间及每月的初一、十五，全县各庙都开门迎香客。商业庙会，开庙日期根据需求而定，不与宗教节日挂钩。

牛王庙会是为祭祀牛王而立，历史久远，设立年代无从可考，庙会来自牛郎织女的传说。牛王庙会已列入邢台市非物质文化遗产名录。牛王庙戏楼始建不详，据庙院内清道光十二年（1832）重修戏楼碑记载："牛王庙昔有戏楼一座，所建不知何时。自乾隆二十九年重修后，今六十余载，每年三月十五日奉歌舞祀典。"今存为清代建筑，它是一座我国北方罕见的古戏楼。牛王庙戏楼为河北省文物保护单位。每年农历三月十五和七月初六，数万民众从四面八方涌入牛王庙赶庙会，通过跑功、唱神戏、祭祀牛王、为牛祈福、送神牛带牛郎上天与织女相会等独特仪式，表现了人、神、畜和谐共处的田园风光。牛王庙会以牛王庙及戏楼为载体，通过民间传说、俗曲、祭祀等活动，生动再现了人与自然和谐相处的心理诉求。

内丘王、郝、乔、樊、李五个交台村名的来历之一，传说是牛郎用花轿抬来织女成亲，"交台"村名从"轿抬"演变而来。

↓ 2017 年修建的鹊桥

中国民间文化遗产抢救工程
THE PROJECT TO CHINESE FOLK CULTURAL HERITAGES

内丘物产丰富，果蔬飘香。特殊的地理环境，四季分明的北温带季风气候，使内丘物产独特，果实硕甘；传统手工制作的食品与制品，美味可口，经济实惠。

↓ 传统手工筛枣仁

第六章
特产小吃

传统技艺制作的特色物产

内丘山地、丘陵、平原约各占三分之一，特殊的地貌，温润的气候，使这里盛产优质的山货、杂粮等。勤劳简朴的人民，利用自己的聪明才智，对本地物产进行加工，形成了一系列具有地方特色的物产。其中与扁鹊传说有关的邢枣仁、鹊王台酒、酸枣露、老虎枕，与郭巨传说有关的虎头鞋以及手工粉条、手工挂面、手工豆腐、腌山韭菜花等传统技艺已列入各级非物质文化遗产名录。

邢枣仁

邢枣仁，俗称枣仁，因内丘古属邢州而得名“邢枣仁”，产于内丘县丘陵地区。

传说，春秋战国时期，神医扁鹊在内丘行医采药时，曾被他救治的酸枣树，结的果“酸枣仁”也就有了药性。枣仁是名贵的中药材之一，在中医典籍中多有记载，主治神经衰弱、失眠多梦、心悸、盗汗。据《神农本草经辑注》（人民卫生出版社，2013年版）记述，古籍《本经》记载：“睡多生食，不得睡炒熟。”也就是说“生用兴奋，熟用镇静”。它具有养肝、宁心、安神之功效，是中医常用药品之一。内丘的邢枣仁驰名全国，清康熙《内丘县志》记载：“诸果固皆美，枣、梨尤甘脆无双，宁让江南蔗荔耶？昔人谓千章枣，千树梨，可比千户侯，信然哉。”说明内丘盛产优质枣，其甜脆可与江南的甘蔗、荔枝媲美，家有千棵枣树，收入可顶一个千户侯，可见其在当时人们心中的价值。2006年《内丘县志》记载：“邢枣仁自明代开始加工制作，距今已有500多年的生产历史。内丘县小杨庄一带的村庄农民用石头碾子、荆条编织的筛子加工枣仁。”邢枣仁已注册了“邢仁”商标。

邢枣仁加工技艺，以传统手工操作，经采集、晾晒、去皮、筛渣、晒枣核、破核、筛枣仁七道工序形成。该技艺已列入内丘县非物质文化遗产名录。内丘县为全国最大邢枣仁加工生产、销售集散地，占全国市场份额90%以上，被称为全国“枣仁之乡”“邢枣仁加工之乡”。

鹊王台酒

内丘的酒文化源远流长，酒的酿造历史绵延千年，最早的记载

↓ 鹊王台酒原浆陶坛贮存

是春秋战国时期，扁鹊造酒入药。唐代诗人元稹在《饮致用神麹酒三十韵》中记载了关于内丘的酒与瓷："七月调神麹，三春酿绿醽。雕镌荆玉盏，烘透内丘瓶。……感君澄醴酒，不遣渭和泾。"《内丘县志》记载："城西种粱米，余则贩与北关酒坊。……旧时，城北前后李阳村酿酒作坊较多。"

内丘鹊王台酒酿造技艺，列入河北省非物质文化遗产名录，是我国北方浓香型白酒酿造生产的宝贵遗产。以白瓷陶土与泉水和泥筑窖，以陶坛储存的古法制曲，采用五粮结合、混蒸清烧、续茬发酵、原窖原入、甑锅蒸馏的原窖法烤酒。所酿之酒，视之清澈透明、色如水晶，嗅之窖香淳雅、味如幽兰，品之甘甜爽净、柔和如绵。

传说，鹊王台酒是从扁鹊为虢太子做"绞肠痧"手术时，所使用的"药酒"沿袭传承而来。

↑ 庙会集市销售的酸枣面

酸枣面

酸枣面被称为"固体饮料"，是将酸枣果肉经粗加工制作而成的一种食品。传说，扁鹊医好晋国大夫赵简子"五日不醒"之疾，赵简子在神头村的蓬山（今鹊山）一带赐田四万亩给扁鹊。自此，扁鹊在这里安家落户，行医授业，传播医学。一次，扁鹊进山采药，救治了一棵被狂风刮折的酸枣树。此树被神医所救，越长越旺盛，年年果实累累，供扁鹊采摘。一年，赵简子有疾，心慌气短，长期不愈，扁鹊建议他到蓬山医治，因天热中暑，扁鹊熬酸枣水给他喝，不但解了暑气，经长期饮用，还医好了他的痼疾。从此，人们把酸枣制成养生食品“酸枣面”，可四季食用。

酸枣露是将酸枣果肉精细加工制作而成的一种饮料食品。《内丘县志》记载：“饮料生产始于20世纪80年代中期，内丘县制药厂用县域内盛产的野生酸枣果肉做原料研制生产酸枣露，曾畅销一时。”其制作方法采用特殊工艺，以酸枣为主要原料提取酸枣汁，经采摘、脱皮、提取、酶解、过滤、杀菌、冷却、灌装八道工序，是一种天然、绿色的健康饮料。内丘酸枣露制作技艺，已列入内丘县非物质文化遗产名录。

↑ 传统手工制作粉条

手工粉条

《内丘县志》记载：“甘薯，又名山药、红薯，本县始种甘薯可推到明朝，……甘薯是制造淀粉的主要原料，农民多用其加工粉条……1949年，全县有烧酒业23家，粉坊8家……”

↑ 手工挂面制作技艺

内丘粉条制作，全部采取传统

手工技艺，包括选薯、清洗、粉碎、过滤、暴晒、打芡糊、漏粉条、冷却、晒粉条九道工序。由于其选用红薯原料地道，不施农药，加之内丘气候干燥，适合晾晒制作等原因，秉承传统工艺，加工制作出的粉条品质独特，具有外观晶莹剔透、入口柔韧圆滑、久炖不烂等特点。内丘手工粉条制作技艺，已列入内丘县非物质文化遗产名录。

传说，清顺治十六年（1659），太子太保、保和殿大学士魏裔介一行去扁鹊庙，途中，人困马乏，陪行知县王秉乾命当地村民做猪肉炖粉条。众人食后均感粉条柔软劲道，入口爽滑，魏裔介兴奋之余出一上联：“猪肉炖粉条。”王秉乾即刻对答：“烙饼卷大葱。”众人大笑。魏裔介回朝后推荐内丘粉条为贡品。

手工豆腐

↑ 老树围村吉家豆腐作坊在摇揉豆浆

《内丘县志》记载：“自清末以来，在长期的经营中，域内一些走村串乡的商贩形成了各行业独特的叫卖招揽顾客的形式，如卖油条的敲铜锣、卖簸箕的敲一串铁片、卖香油的敲铜片、卖馍馍的吹羊角号、货郎担摇拨浪鼓、卖豆腐的敲梆子……多种带有行业特色的交易方式。……1929 年，建商会，入会商家店铺百余家。当年统计，酒业 12 家、饭馆 50 家……”从这些史料可知，内丘历史上开饭馆做生意的很多，而豆腐为人们常用食品，饭馆多，也意味着豆腐用量相应增大。

内丘手工豆腐主要有选豆、泡豆、磨豆、过滤去渣、加热、点卤水、压豆腐、切豆腐八道工序，其中点卤水的多少关系到豆腐的老嫩苦甜，全凭艺人多年积累的经验。老树围村吉家豆腐坊最具代表性，自清朝中期开始，五代祖传秘方特制，具有色泽鲜亮、硬实劲道、炒炖不烂、味道鲜美、口感细腻等特点。不仅在内丘十里八乡闻名，而且销售到邢台、临城、隆尧等地，是内丘特色产品。

内丘手工豆腐加工技艺，已列入内丘县非物质文化遗产名录。

柿饼

柿饼是内丘山区人人都可参与制作的一种纯天然食品，制作过程十分简单：在深秋霜降之后、立冬之前，采摘果形硬实、色泽通红的柿子，用特制旋柿刀削皮，再用结实的线绳缠住柿蒂，绑束成

↓ 内丘山区晒“吊柿”

串，吊在搭建于通风透气、阴凉干燥处的简易木架上晾晒，架上盖苇席遮挡尘土，待水分挥发到一定程度，即可下架食用，称“吊柿”。因吊柿外形保持了柿子的原状，貌似桃，又称“柿桃”。吊柿还可再加工，待柿果晾晒至内软外硬，水分含量适中，外面形成新的表皮时，即可做柿饼，称“捏柿饼”。捏时从中间顶部捏起，逐步向四周揉捏，讲究巧捏外形，匀捏内肉，捏至表皮不破，隐约还能看到丝丝缕缕的果肉，最后捏成圆圆的饼状即可。接下来再进行“捂霜”，捂霜是为了让柿饼充分糖化，先将柿饼堆置阴凉处，盖上箔席，捂至柿饼表面“出汗”，实为糖分已浸出；揭去箔席晾晒，柿饼表面长满白霜，实为糖分已结晶，柿饼即制作完成。柿饼含大量糖分、蛋白质、维生素和其他微量元素，食之糯甜绵长，对人体有滋补作用。

↑ 采摘山韭菜花

腌山韭菜花

腌山韭菜花，是一种传统的腌制食品。内丘中部丘陵地带盛产山韭菜花，每年立秋时节，丘岗上遍开白、紫色山韭菜花，引来众人采摘。其制作方法：一种为自然风干，做汤时用干山韭菜花炝锅，香味扑鼻，俗有“一家炝山韭菜花全村闻香”之说；一种为将洗净的鲜山韭菜花加盐腌制，混同当地山梨，用石臼捣成糊状，盛瓷罐可长期存放，可为酱生吃、拌菜佐食、单做面卤，气味芳香，辛辣可口。现今成为馈赠亲朋好友的佳品。腌山韭菜花，已列入内丘县非物质文化遗产名录。

富岗苹果

富岗苹果，是河北省第一家注册商标的绿色果品，产于内丘县西部深山区岗底村。该地区拥有海拔高、昼夜温差大、土壤肥沃、矿物水质好等得天独厚的自然条件，而且自 20 世纪 90 年代开始，在河北农业大学教授、博士生导师李保国的指导下，实行无公害绿色食品生产管理模式，从果园的地、树、病、虫、草等整个生态系统出发，保持生态系统平衡。苹果从开花到结果实现了无公害、无污染的绿色操作，达 128 道工序。所产果品皮薄、肉细、少纤维，食之脆而爽口，酸甜适中，汁液丰富。1998 年以来，“富岗”商标连续被认定为河北省著名商标，富岗苹果被连续认定为河北省名牌产品；1999 年，富岗苹果荣获 1999 年昆明世博会银奖；2000 年以来，富岗苹果连续五届通过绿色食品认证，获得绿色食品标志的使用权；2003 年，富岗苹果生产基地被国家标准化委员会确定为国家级农业标准化示范区；2004 年，富岗集团公司的绿色产业业务在香港成功注册子公司及相关食品商标；2006 年，富岗苹果被评为“2008 年奥运推荐果品”一等奖，荣获“中华名果”称号；2007 年，建立国内第一个苹果类的食品安全追溯系统；2008 年，富岗苹果被确定为奥运专供果品；2011 年，富岗苹果获国家地理标志产品保护，“富岗 FUGANG”商标被认定为“中国驰名商标”；2013 年，富岗苹果入选“河北的 100 张名片”；2014 年，富岗苹果荣膺第十八届中国（廊坊）农产品交易会“苹果王”称号；2016 年，富岗苹果荣获百万网友心中的“全国一村一品十大知名品牌”称号。

日常生活传承的风味小吃

内丘是典型的农业经济，特殊的山地、丘陵、平原地貌环境，适合玉米、小麦、豆类、杂粮、果树等农作物生长，哺育着这里的人们。此外，千百年来这里是古驿要道，南来北往的生意人在这里安居乐业，共同创造了与这片土地相互依赖、和谐共处的生活方式，也创造了烹炒蒸煮、煎炸烙腌等上百种风味独特的小吃。其中，杏仁汤、挂汁肉、黍米年糕已列入内丘县非物质文化遗产名录，熬菜煮饺子、炸鸡头、腌肉、榆皮面饸饹、馏苦累、大鏊煎饼等也成为地方名吃。

↑ 炸鸡头

↑ 大鏊煎饼

炸鸡头

炸鸡头，是内丘一种过节办喜事时，常做的油炸面食，因状如鸡头得名。炸鸡头的制作以小米为主料，将小米过水、捞出、沥干水、碾成“粉米面”，用温水将粉米面泼成糊状，搅匀，发酵至闻出酸甜味，适量加碱水搅拌，用勺舀起，向滚开的油锅内边倾倒边快速用铁筷子将面糊夹成一个个面蛋蛋，炸至膨胀饱满，浮于油面即可捞出，成为香甜绵软的“炸鸡头”。

传说，扁鹊治好了内丘黑山匪首刘枣棍的急病，匪首敬佩扁鹊，弃恶从善，归还所抢村民的牛、羊、猪、鸡，为答谢扁鹊救命之恩，以油炸面蛋蛋替代鸡头为礼答谢扁鹊。从此民间留下过喜事吃炸鸡头的习俗，“吃炸鸡头”也成过喜事的代名词，取吉利之意。

杏仁汤

杏仁汤，是内丘山区人们做的一种驱暑避寒节气习俗饭食，一般选在三伏、三九天，食材选用当地的杏仁、杂粮、干鲜果菜等，熬制成粥，称杏仁汤。杏仁汤制作较复杂，主要包括备杏仁面、

↓ 后洞村人围坐在一起吃杏仁汤

配料、熬煮等。做杏仁面需要经采、晒、捏、砸、捡、碾等工序；配料多为当地杂粮、干果、干菜等，需一年四季备料收藏；熬制时四五个人忙活，需轮流扬汤四五个小时，才能去除杏仁面中苦涩毒性。因费时费工，平时不做，腊八日时才做，届时四邻八舍都来帮忙，大家纷纷拿出自己珍藏的食料，入伙合做。杏仁汤做好后，全村男女老少自带碗筷，盛上一碗，围坐一起而食，如同全村人吃团圆饭。

传说，圣佛岩院住持乐善好施，精通医术。他发现本地山区所产杏仁药用价值较高，就利用众多信徒奉上的豆、米、菜等，熬制成杏仁汤。此汤平时可当粥饭，夏天饮用可驱暑健体，冬日食用可避寒强身，当地百姓十分喜爱，很快流传开来。

杏仁汤已列入内丘县非物质文化遗产名录。

↑ 腌肉

腌肉

腌肉，是内丘山区人们常做的一种腌制小吃，也是招待客人的最高礼仪食品。其制作方法是人们通过生活摸索，经千百年传承演变，逐渐形成的传统存肉方法。最初以所猎获的猪、兔、獾、黄羊、狍子、山鸡等野生动物加工腌制。随着社会进步，养殖业逐步发展，现多用家养猪腌制。一般讲究腌年猪，即正月买来小猪饲养，到腊月年节时杀猪腌肉。选用带皮猪后座肉，洗净后，切成一斤左右肉块，水煮至六七成熟，捞出、沥干、滚蜜；油炸至肉外表微黄，沥出油；肉凉透后，在备好的瓷瓮内，码放一层肉撒一层盐，再倒入香油灌缝，用猪油密封，存放两年不变质，食之肥而不腻，风味独特，可炒菜、包饺子、做面卤、炖大锅菜，也是馈赠亲朋好友的最佳礼品。

传说，当年凌霄山黄巾军将士依靠山区优势狩猎，将猎物做成腌肉，存放在山洞内，做军粮储备。

年糕

↑ 撒年糕

年糕，是村民年节时必备的食品，寓意年年高，一年比一年过得好。特点就在一个“撒”字上。原料为当地所产的黍子、大枣、豇豆，制作时先将黍子碾成黍米，过水，闷、晾、粉米，碾成粗黍米面，置于簸箩内，再将大枣、豇豆洗净煮熟滤去水，倒进簸箩内的黍米面中，洒水搅拌，干湿度以手抓可成团，手张开面可散开为宜，称“糕面”；在大灶锅内放上透气性好、易清洗的高粱秸穿成的箅子，水烧开即可撒年糕。先在底层撒一层煮熟的豇豆、大枣，以防过分粘箅子，再均匀撒上糕面，撒一层要用筷子扎些小孔透气，同样方法撒四五层；盖上锅盖急火烧至冒大气，糕熟，熄火揭锅盖，菜刀蘸冷水趁热把糕切成小块取出晾一晾，待糕外皮稍硬，再切成糕片存放。撒制的年糕黏性大，味道柔糯筋道，蜜甜醇香。年糕已被列入内丘县非物质文化遗产名录。

苦累

苦累，是一道以菜代粮的主食。民间常说："擀面省，烙饼费，蒸干粮不如馏苦累。"过去因粮食产量低，为了充饥，人们从日常劳动中，积累总结出用当地生长可食用的花、树叶及野菜等，洗净控水，开水氽烫去除苦涩杂味，根据个人口味分别添加小米面、玉米面和白面面粉，搅匀，放入铺好笼布的笼箅内，上锅急火蒸二十多分钟，中间可搅拌一次，出锅，分别做出黏甜、松散、筋道的苦累。食用时浇上用石蒜臼捣好加盐的蒜泥醋，点上小磨香油，吃起

↓ 榆钱"馏苦累"

来酸甜可口，香辣诱人。

现今，苦累已是村中招待宾客的一道特色小吃，有以槐叶、槐花、榆叶、榆钱、柳絮、柳叶树类，有以沙沙蓬、灰灰菜、麻叶菜、刺刺菜、蒲公英、扫帚苗等野菜类，有以土豆丝、萝卜丝、瓜花、豆角、红薯叶等农作物蔬菜类为原料，可做出各色各样的苦累。

传说，当年黄巾军被围困在凌霄山上，靠吃苦累破解了汉官军长期围困缺粮之难。

饸饹面

↑ 黄岔村民在轧饸饹

饸饹面，是内丘村民粗粮细作的一种面食。取麦子面、红薯面各半，加少许榆皮面，这里的榆皮面比较难寻。榆树因易弯曲，做不得盖房的梁檩柱椽，只可做牛栏羊栏，故人们不特意栽植，只等野生榆树成可用之材，刨树，刮除老皮，取内皮和树根上的皮，晒干，用石碾碾轧，俗称“钢榆皮面”，再用细箩筛出面，即成榆皮面。做榆皮面费力费时，一般是一家做榆皮面，多家帮忙，全村可分食。为使面筋道不易煮烂，需用盐水和面，等面醒好，将轧面工具饸饹床架于已烧开水的锅上，把面团塞进饸饹床漏眼中，轧下饸饹床杆，将饸饹入锅煮熟；盛碗，再配上自制的腌肉为卤，吃起来香甜、滑爽、筋道。现今饸饹面已成为招待宾客的特色小吃。

中国民间文化遗产抢救工程
THE PROJECT TO CHINESE FOLK CULTURAL HERITAGES

千年古县——内丘，古往今来，是一块传承历史的土地。在这块土地上，内丘人民发挥聪明才智，通过勤劳的双手，把家乡建成了美丽宜居之地。特别是改革开放以来，内丘各行各业得到飞速发展，使今日内丘成为一个人人向往的全域旅游胜地。

↓ 落架大修后的牛王庙戏楼

结语

古道与交通

从古至今，随着人类交通运输工具的不断发展，境内道路由人行道、驮运道、车马道逐渐发展为公路、铁路。

中华人民共和国成立后，特别是改革开放以来，境内修建了国家、省、县、乡、村五级公路，实现了“村村通”全覆盖。条条公路两旁进行高标准绿化，绿树成荫，是集交通、绿化、文化旅游为一体的全域旅游景观公路。主要道路包括：1981 年完工通车的国家二级公路河北省道平涉线，1998 年完工通车并于 2011 年升级改造为国家二级公路的河北省道隆昔线，2016 年提升改造为双向六车道一级公路的国道 107 线，2017 年完工通车的国家一级公路河北省道石邢线；1997 年竣工通车并于 2014 年提升改造为双向八车道的国家一级公路京港澳高速公路，2014 完工通车双向四车道的国家二级公路邢衡高速公路，2016 年 3 月开始施工的双向四车道国家二级公路太行山高速公路；1906 年完工通车，县境内设三等站内丘站（建于 1930 年）、官庄站（建于 1912 年）的京广铁路；2012 年完工通车的京深高铁以及 1975 年通车的邢台地区磨窝煤矿铁路专用线和 1984 年通车的国家东庞煤矿铁路专线，等等。它们横

↑ 河北省道隆昔线、石邢线在内丘域内交会

贯内丘东西、纵穿内丘南北，使内丘交通便利快捷，为内丘经济的迅速发展插上了腾飞的翅膀。

↑ 国道 107 线与邢衡高速公路在内丘域内互通

↑ 京深高铁内丘段

内丘建设

文化与经济的协调发展，是壮大县域经济，提升县域综合竞争力不可或缺的因素。自 1950 年内丘县成立文化馆始，对全县文物进行普查登记、恢复重修。1996 年，经河北省文物局批准，对扁鹊庙进行落架大修。2006 年，内丘县政府对河北省文物保护单位千佛阁进行大殿恢复，对河北省文物保护单位牛王戏楼进行落架大修。2014 年，内丘县政府对内丘县文物保护单位福胜寺进行落架大修。同时，还建设了许多文化景观，有 2010 年建成，占地 10 公顷，以植物、水体等自然元素为主的城市公共绿地扁鹊公园；2013 年通水改善生态环境的南水北调中线工程；2017 年建成开放，占地面积 8600 余平方米、建筑面积 4252.5 平方米，邢台市最大专业性博物馆、河北省第一座建立在遗址之上的博物馆和国内首家邢窑主题遗址博物馆的邢窑遗址博物馆；占地面积 53 亩、建筑面积 11006.6 平方米，集收藏、展示、研究邢瓷的专业博物馆邢窑博物馆；占地面积为 15

↑ 落架大修前的扁鹊庙

↑ 落架大修前的牛王庙戏楼

亩、建筑面积为3181.93平方米，观摩、学习、体验邢白瓷烧制技艺场所的邢瓷文化体验馆；扁鹊九大弟子公园；牛郎织女石雕像和鹊桥等，提高了内丘的文化品位，使内丘成为一个宜居养生、宜游宜业之地。

交通的便利，环境的优美，文化的提升，人心的凝聚，使内丘通过不断努力，获得国家、省、市荣誉称号数百个，其中国家级达数十个。

1996年，内丘邢窑遗址被公布为全国重点文物保护单位。1999年，内丘县被评为全国“两基”工作先进县；富岗牌苹果荣获1999年昆明世界园艺博览会银奖。2000年，内丘县被民政部

↓ 落架大修后的扁鹊庙

复建后的千佛寺大殿

邢窑遗址博物馆

扁鹊公园

邢窑博物馆

邢瓷文化体验馆

“南水北调”中线内丘段

评为“献爱心功臣行动”先进县；侯家庄岭头村被全国绿化委员会授予“全国绿化千佳村”称号。2003 年，内丘县被评为全国村民自治模范县。2004 年，内丘县长寿百果庄园被评为首批全国农业旅游示范点。2006 年，内丘县被评为全国民政工作先进县；扁鹊庙被公布为全国重点文物保护单位。2007 年，内丘县被评为全国计划生育优质服务先进县，全国农村社区建设试验县。2010 年，内丘县扁鹊庙晋升为国家 AAAA 级旅游景区；中心敬老院荣膺“全国模范敬老院”称号；东庞前街被评为全国敬老模范村；长寿百果庄园、富岗苹果基地被评为全国科普教育基地。2011 年，内丘县被评为全国基层中医药工作先进单位，全国中医治未病预防保健服务试点地区；侯家庄岗底村被评为全国文明村；富岗苹果被国家工商总局正式认定为中国驰名商标。2012 年，内丘县先后被评为首届全国国土资源节约集约模范县、全国农村社区建设实验全覆盖示范单位、全国平安铁路示范县、全国农村社区建设实验全覆盖示范单位、国家电网公司新农村电气化县、国家级免费孕前优生健康检查项目试点县；南赛乡神头村被列入第一批中国传统村落；侯家庄岗底村入选全国“一村一品”示范村；老山果树种植专业合作社被确定为国家级示范专业合作社；大孟村派出所被评为全国优秀公安基层单位；内丘金凤畜禽有限责任公司被评为全国巾帼现代农业科技示范基地。2013 年，内丘县荣获全国生态文明先进县、全国绿化模范县、全国平安铁路示范县、中国扁鹊文化之乡、中国邢窑文化之乡等荣誉称号；内丘邢窑遗址考古发掘项目入选 2012 年度全国十大考古新发现；内丘县中医院通过国家二级甲等医院复审验收；平安社区被评为全国综合减灾示范社区。2014 年，内丘县扁鹊庙被确定为全国中医药文化宣传教育基地；富岗果品专业合作社被评为全国农民合作社示范社；金店镇小辛旺社区被评为全国综合减灾示范社区；内丘县教师进修学校被评为国家级示范性县级教师培训基地；邢窑陶瓷烧制技艺入选第四批国家级非物质文化遗产代表性项目名录。2015 年，内丘县神头村列入全国特色景观旅游名镇名村示范名单；小辛旺村入选首批中国乡村旅游模范村；侯家庄岗底社区被评为全国综合减灾示范社区。2016 年，内丘县被评为全国义务教育发展基本均衡县；南赛乡神头村被评为全国生态文化村；柳林镇交台社区被评为全国综合减灾示范社区。

今天的内丘在努力实现中国梦的历程中，进入新时代，踏上新征程，立足县域经济社会全面发展基础，确立了紧紧围绕“打赢生态发展牌、唱响历史文化戏、走好绿色共享路”的发展理念，坚持“绿色工业强县、历史文化名县、中医康养古县、全域旅游盛县、生态支撑大县”的发展定位，打好防范化解重大风险、精准脱贫、污染防治三大攻坚战，着力推动工业经济提质增效，着力推动县城建设扩容提质，着力推动农业农村振兴繁荣，着力推动中医产业复兴崛起，着力推动旅游产业发展壮大，着力推动民生改善和社会事业全面进步，建设美丽内丘、健康内丘、平安内丘，展现千年古县新形象、新作为，谱写新的历史篇章。

内丘县城（从东向西航拍）

附录一　内丘县各级文物保护单位一览表

序号	单位名称	类别	时代	地址
1	邢窑遗址	古遗址	隋－五代	内丘县境内
2	扁鹊庙	古建筑	明至清	南赛乡神头村
3	吴村汉墓（韩厥墓）	古墓葬	汉	大孟村镇吴村西
4	内丘宋代家族墓地	古墓葬	宋	五郭店乡张家沟村东
5	鹤度岭长城	古建筑	明	侯家庄乡小岭底村西北
6	中张千佛阁	古建筑	明	金店镇中张村中
7	王交台牛王庙戏楼	古建筑	清	柳林镇王交台村南
8	张夺遗址	古遗址	汉	大孟村镇张夺村
9	且停寺遗址	古遗址	宋	南赛乡寺沟村
10	程本墓	古墓葬	春秋	柳林镇程家湾村西北
11	张夺墓群	古墓葬	战汉	大孟村镇张夺村
12	张宾墓	古墓葬	晋	金店镇铁顶墓村
13	道观碑	石窟及石刻	元	柳林镇乔交台村
14	东岳庙	古建筑	明	大孟村镇东青山村南
15	白鹿角古民居	古建筑	清	侯家庄乡白鹿角村
16	药王庙	古建筑	清	金店镇大辛旺村
17	郭家庄苇地沟遗址	古遗址	旧石器	大孟村镇郭家庄村北
18	柳林东岗遗址	古遗址	旧石器	柳林镇柳林村东
19	刘家庄南遗址	古遗址	旧石器	柳林镇刘家庄村南
20	近郎遗址	古遗址	新石器	柳林镇近郎村东南
21	王交台遗址	古遗址	新石器	柳林镇王交台村北
22	前鲁亭遗址	古遗址	商周	内丘镇前后鲁亭村之间
23	西周村遗址	古遗址	商周战汉	官庄镇西周村东北
24	柳林遗址	古遗址	商周战汉	柳林镇柳林村西北
25	陈家楼遗址	古遗址	战国	柳林镇陈家楼村西北
26	蔡庄遗址	古遗址	战国	南赛乡蔡庄村南

级别	公布时间	批次	文号
国家级	1996.11.20	第四批	国发［1996］47号
国家级	2006.05.25	第六批	国发［2006］19号
省级	1982.07.23	第二批	
省级	2008.10.23	第五批	冀政函［2008］108号
省级	1982.07.23	第二批	
省级	1993.07.15	第三批	
省级	1993.07.15	第三批	
市级	2014.08.05	第二批	邢政函［2014］39号
市级	2008.07.04	第一批	政字［2008］18号
市级	2014.08.05	第二批	邢政函［2014］39号
市级	2014.08.05	第二批	邢政函［2014］39号
市级	2008.07.04	第一批	政字［2008］18号
市级	2008.07.04	第一批	政字［2008］18号
市级	2014.08.05	第二批	邢政函［2014］39号
市级	2014.08.05	第二批	邢政函［2014］39号
市级	2014.08.05	第二批	邢政函［2014］39号
县级	2010.05.10	第三批	政字［2010］14号
县级	2010.05.10	第三批	政字［2010］14号
县级	2010.05.10	第三批	政字［2010］14号
县级	2010.05.10	第三批	政字［2010］14号
县级	2010.05.10	第三批	政字［2010］14号
县级	2010.05.10	第三批	政字［2010］14号
县级	2010.05.10	第三批	政字［2010］14号
县级	2010.05.10	第三批	政字［2010］14号
县级	2010.05.10	第三批	政字［2010］14号
县级	2010.05.10	第三批	政字［2010］14号

序号	单位名称	类别	时代	地址
27	赵庄遗址	古遗址	战汉	大孟村镇赵庄村北
28	石家庄遗址	古遗址	战汉	大孟村镇村石家庄村南
29	汉置中丘城遗址	古遗址	汉	内丘镇西丘村东北
30	后中丘城遗址	古遗址	北魏至唐	内丘镇西关村
31	青山城遗址	古遗址	隋	大孟村镇东青山村西北
32	前李阳遗址	古遗址	唐	内丘镇前李阳村北
33	西南光遗址	古遗址	唐	内丘镇西南光村西北
34	武家庄遗址	古遗址	唐	内丘镇武家庄村东南
35	郝家赛遗址	古遗址	唐	南赛乡郝家赛村东北
36	西张麻遗址	古遗址	汉唐宋金	金店镇西张麻村北
37	圣佛岩院遗址	古遗址	元	獐貘乡南獐貘村西
38	郭巨塔遗址	古遗址	明	金店镇金店村西北
39	圆津庵遗址	古遗址	明、清	大孟村镇都城铺村南
40	冢圪塔墓(邢侯夫人墓)	古墓葬	汉	金店镇冢圪塔村西北
41	冯唐墓	古墓葬	汉	大孟村镇冯唐村
42	张耳陈馀墓	古墓葬	汉	金店镇西张村村南
43	荆子墓	古墓葬	汉	五郭店乡五郭村王家沟庄西北
44	蔡沟汉墓	古墓葬	汉	内丘镇蔡沟村西
45	新石河汉墓	古墓葬	汉	内丘镇新石河村北
46	官庄火车站古墓群	古墓葬	汉	京广铁路西南至梁原店北至都城铺
47	凤凰村古墓群	古墓葬	汉	内丘镇凤凰村
48	左相墓	古墓葬	元	柳林镇大杨庄村西北
49	尊胜陀罗尼经幢	古建筑	唐	金店镇韩郝庄村南
50	双石塔	古建筑	唐	官庄镇小驿头村西
51	福胜寺	古建筑	清	金店镇西文孝村西南
52	侯家庄戏台	古建筑	清	侯家庄乡侯家庄村

级别	公布时间	批次	文号
县级	2010.05.10	第二批	政字［2010］14号
县级	2010.05.10	第三批	政字［2010］14号
县级	1984.05.10	第一批	内政［1984］52号
县级	1984.05.10	第一批	内政［1984］52号
县级	1984.05.10	第一批	内政［1984］52号
县级	2010.05.10	第三批	政字［2010］14号
县级	2010.05.10	第三批	政字［2010］14号
县级	2010.05.10	第三批	政字［2010］14号
县级	2010.05.10	第三批	政字［2010］14号
县级	2010.05.10	第三批	政字［2010］14号
县级	2010.05.10	第三批	政字［2010］14号
县级	1984.05.10	第一批	内政［1984］52号
县级	1984.05.10	第一批	内政［1984］52号
县级	1984.05.10	第一批	内政［1984］52号
县级	1984.05.10	第一批	内政［1984］52号
县级	1984.05.10	第一批	内政［1984］52号
县级	1984.05.10	第一批	内政［1984］52号
县级	1984.05.10	第一批	内政［1984］52号
县级	1984.05.10	第一批	内政［1984］52号
县级	1984.05.10	第一批	内政［1984］52号
县级	1984.05.10	第一批	内政［1984］52号
县级	1984.05.10	第一批	内政［1984］52号
县级	1987.06.03	第二批	内政通字［1987］35号
县级	1987.06.03	第二批	内政通字［1987］35号
县级	2010.05.10	第三批	政字［2010］14号
县级	2010.05.10	第三批	政字［2010］14号

序号	单位名称	类别	时代	地址
53	真武庙	古建筑	清	大孟村镇大孟村
54	寅斌阁	古建筑	清	金店镇南北光村东
55	刘兴武宅院	古建筑	清	侯家庄乡白塔村
56	南赛石桥	古建筑	清	南赛乡南赛村中部
57	石门通运桥	古建筑	清	南赛乡石门村西南
58	孙家坡通运桥	古建筑	清	南赛乡孙家坡村东南
59	北阳村李羔家宅院	古建筑	近现代	官庄镇北阳村
60	大寨式建筑	古建筑	1972 年	侯家庄乡白塔村
61	石狮	石窟寺及石刻	唐	内丘镇东南光村东
62	希夷遗笔寿	石窟寺及石刻	宋	大孟村镇张夺村王黑墩家
63	石佛	石窟寺及石刻	金	官庄镇中平村
64	石佛	石窟寺及石刻	明	金店镇金店南关村
65	鱼龙石壁	石窟寺及石刻	明	扁鹊庙碑廊内
66	滚龙石柱	石窟寺及石刻	明	金店镇中北光村南
67	圆津庵塔铭	石窟寺及石刻	清	大孟村镇都城铺村李海瑞家
68	圆津庵诗碣	石窟寺及石刻	清	大孟村镇都城铺村孙运林家
69	圆津庵诗碣	石窟寺及石刻	清	大孟村镇小孟村石建敏家
70	仇恨志石	近现代重要史迹及代表性建筑	1931 年	内丘镇武家庄村武小五家
71	冀西游击队兵工厂旧址	近现代重要史迹及代表性建筑	1937 年	侯家庄乡唐家村
72	礼义烈士碑	近现代重要史迹及代表性建筑	1948 年	金店镇礼义村小学院内

级别	公布时间	批次	文号
县级	2010.05.10	第三批	政字［2010］14 号
县级	2010.05.10	第三批	政字［2010］14 号
县级	2010.05.10	第三批	政字［2010］14 号
县级	2010.05.10	第三批	政字［2010］14 号
县级	2010.05.10	第三批	政字［2010］14 号
县级	2010.05.10	第三批	政字［2010］14 号
县级	2010.05.10	第三批	政字［2010］14 号
县级	2010.05.10	第三批	政字［2010］14 号
县级	1984.05.10	第一批	内政［1984］52 号
县级	1984.05.10	第一批	内政［1984］52 号
县级	1987.06.03	第二批	内政通字［1987］35 号
县级	1987.06.03	第二批	内政通字［1987］35 号
县级	1984.05.10	第一批	内政［1984］52 号
县级	1987.06.03	第二批	内政通字［1987］35 号
县级	1984.05.10	第一批	内政［1984］52 号
县级	1984.05.10	第一批	内政［1984］52 号
县级	1987.06.03	第二批	内政通字 35 号
县级	1984.05.10	第一批	内政［1984］52 号
县级	1984.05.10	第一批	内政［1984］52 号
县级	1984.05.10	第一批	内政［1984］52 号

附录二 内丘县各级非物质文化遗产名录一览表

序号	项目名称	类别	级别
1	邢窑陶瓷烧制技艺	传统技艺	国家级
2	内丘牛郎织女传说	民间文学	省级
3	内丘郭巨孝文化	民间文学	省级
4	内丘庆源排鼓	传统音乐	省级
5	扇鼓	传统舞蹈	省级
6	梅花老架	传统体育、游艺与杂技	省级
7	内丘神码	传统美术	省级
8	鹊王台酒酿造技艺	传统技艺	省级
9	内丘扁鹊祭祀	民俗	省级
10	跳世平	民俗	省级
11	西丘手工挂面加工技艺	传统技艺	市级
12	内丘牛王庙会	民俗	市级
13	扁鹊的传说	民间文学	县级
14	程子的传说	民间文学	县级
15	内丘中岩山黄巾乐调	传统音乐	县级
16	南调	传统曲艺	县级
17	二郎拳	传统体育、游艺与杂技	县级
18	三股钢叉	传统体育、游艺与杂技	县级
19	邢枣仁加工技艺	传统技艺	县级
20	内丘手工粉条制作技艺	传统技艺	县级
21	内丘酸枣露制作技艺	传统技艺	县级
22	老树围豆腐加工技艺	传统技艺	县级
23	杏汤制作技艺	传统技艺	县级
24	虎头鞋制作技艺	传统技艺	县级
25	腌山韭菜花制作技艺	传统技艺	县级
26	串家屯小磨香油制作技艺	传统技艺	县级

公布时间	批次	文号
2014.11.11	第四批	国发 [2014]59 号
2006.06.06	第一批	冀政函 [2006]77 号
2007.06.29	第二批	冀政函 [2007]94 号
2009.06.08	第三批	冀政函 [2009]59 号
2009.06.08	第三批	冀政函 [2009]59 号
2017.03.27	第六批	冀政字 [2017]13 号
2006.06.06	第一批	冀政函 [2006]77 号
2013.09.29	第五批	冀政函 [2013]133 号
2006.06.06	第一批	冀政函 [2006]77 号
2013.09.29	第五批	冀政函 [2013]133 号
2016.03.26	第五批	邢政函 [2016]10 号
2007.12.03	第一批	邢政函 [2007]91 号
2015.04.24	第三批	内政字 [2015]12 号
2015.04.24	第三批	内政字 [2015]12 号
2017.05.23	第四批	内政办字 [2017]25 号
2015.04.24	第三批	内政字 [2015]12 号
2015.04.24	第三批	内政字 [2015]12 号
2017.05.23	第四批	内政办字 [2017]25 号
2010.11.24	第二批	政字 [2010]27 号
2010.11.24	第二批	政字 [2010]27 号
2010.11.24	第二批	政字 [2010]27 号
2015.04.24	第三批	内政字 [2015]12 号
2015.04.24	第三批	内政字 [2015]12 号
2015.04.24	第三批	内政字 [2015]12 号
2015.04.24	第三批	内政字 [2015]12 号
2017.05.23	第四批	内政办字 [2017]25 号

序号	项目名称	类别	级别
27	内丘黑白铁加工技艺	传统技艺	县级
28	内丘锡器加工技艺	传统技艺	县级
29	年糕制作工艺	传统技艺	县级
30	内丘挂汁肉制作技艺	传统技艺	县级
31	掌箩手工艺	传统技艺	县级
32	内丘纸扎	传统技艺	县级
33	驴拉石磨食品加工技艺	传统技艺	县级
34	官庄生炒	传统技艺	县级
35	灵鹊正骨疗法	传统医药	县级
36	内丘年俗	民俗	县级
37	鹊山庙会茶棚	民俗	县级
38	祭火神	民俗	县级
39	抬杠箱	民俗	县级

公布时间	批次	文号
2017.05.23	第四批	内政办字［2017]25 号
2017.05.23	第四批	内政办字［2017]25 号
2017.05.23	第四批	内政办字［2017]25 号
2017.05.23	第四批	内政办字［2017]25 号
2017.05.23	第四批	内政办字［2017]25 号
2017.05.23	第四批	内政办字［2017]25 号
2017.05.23	第四批	内政办字［2017]25 号
2017.05.23	第四批	内政办字［2017]25 号
2017.05.23	第四批	内政办字［2017]25 号
2010.11.24	第二批	政字［2010]27 号
2015.04.24	第三批	内政字［2015]12 号
2015.04.24	第三批	内政字［2015]12 号
2017.05.23	第四批	内政办字［2017]25 号

参考文献

（1） 〔西汉〕司马迁著：《史记》，北京联合出版社，2014 年版。

（2） 〔西汉〕戴圣编：《礼记》，北京燕山出版社，2007 年版。

（3） 〔东汉〕班固编撰：《汉书·地理志·卷二十八》，中华书局，2000 年版。

（4） 〔西晋〕陈寿著：《三国志·魏书·张燕传》，中华书局，2005 年版。

（5） 〔北魏〕崔鸿著：《十六国春秋》，吉林出版集团有限责任公司，2005 年版。

（6） 〔北齐〕魏收著：《魏书·地形志》，上海古籍出版社，1978 年版。

（7） 〔南北朝〕梁宋懔撰：《荆楚岁时记》，湖北人民出版社，1985 年版。

（8） 〔唐〕房玄龄等著：《晋书·石勒载记》，中国文史出版社，2014 年版。

（9） 〔唐〕玄宗撰，李林甫著：《大唐六典·尚书户部》，中华书局，1992 年版。

（10） 〔唐〕元稹著：《元氏长庆集》，吉林出版集团有限责任公司，2005 年版。

（11） 〔唐〕李肇著：《国史补》，上海古籍出版社，1979 年版。

（12） 〔唐〕李吉甫撰：《元和郡县图志》，中华书局，2005 年版。

（13） 〔北宋〕宋祁、欧阳修等著：《新唐书·地理志》，中华书局，1975 年版。

（14） 〔北宋〕乐史著：《太平寰宇记·邢州卷》，中华书局，2008 年版。

（15） 〔北宋〕司马光著：《资治通鉴·汉纪五十》，北京燕山出版社，2000 年版。

（16） 〔北宋〕王存著：《元丰九域志·河北路西路》，中华书局，2004 年版。

（17）〔元〕脱脱撰：《金史·地理志》，中华书局，1975年版。
（18）〔元〕马端临著：《文献通考》，浙江古籍出版社，2007年版。
（19）〔元〕脱脱、阿鲁图撰：《宋史》，中华书局，1985年版。
（20）〔明〕林恭主修：《顺德府志》，明成化二十三年版（复印本）。
（21）〔明〕孙锦、高迁主修：《顺德府志》，明嘉靖十五年版（复印本）。
（22）〔明〕王守城、张延庭主修：《顺德府志》，明万历十一年版（复印本）。
（23）〔明〕王守城、张延庭主修：《顺德府志》，明万历十八年版（复印本）。
（24）〔明〕乔中和著：《内丘县志》，明崇祯十五年版（复印本）。
（25）〔清〕顾祖禹著：《方舆纪要》，中华书局，2005年版。
（26）〔清〕张廷玉著：《明史·卷一百二·诸王列表》，中华书局，1975年版。
（27）〔清〕李鸿章等修：《畿辅通志》（清宣统二年版），河北人民出版社，1984年版。
（28）〔清〕汪匡鼎主修，和羹主编：《内丘县志》，清康熙七年版（翻印本）。
（29）〔清〕徐景曾纂修：《顺德府志》，清乾隆十五年版（翻印本）。
（30）〔清〕施彦士纂修：《内邱县志》，清道光十二年版（影印本）。
（31）〔清〕卢聘卿总裁，李慎枢鉴定、田尔砚、郝慎岗编辑：《内邱县乡土志》，清光绪三十二年（复印本）。
（32）内丘县地名办公室编：《内邱县地名志》，1983年版（内部资料）。
（33）郑一民著：《神医扁鹊的故事》，新华出版社，1985年版。
（34）内丘县三套集成办公室编：《三套集成·内邱县民间故事选》，1986年版（内部资料）。
（35）上海古籍出版社编：《全唐诗》，上海古籍出版社，1986年版。
（36）中共内丘县委组织部、中共内丘县委党史资料征集办公室、内丘县档案局编：《中国共产党河北省内邱县组织史资料》

（1931—1987），河北人民出版社，1992 年版（内部发行）。
（37） 河北省地方志编纂委员会办公室整理点校：《河北通志稿》（民国版），北京燕山出版社，1993 年版。
（38） 张进斌总纂主编，河北省内丘县地方志编纂委员会编：《内邱县志》，中华书局，1996 年版。
（39） 曾桂芳编撰，中国科学院中国植物志编辑委员会编：《中国植物志·第二十六卷》，科学出版社，1996 年版。
（40） 孙建华主编，内丘县文物志编纂委员会编：《内邱县文物志》，北京燕山出版社，1999 年版。
（41） 辞海编辑委员会编：《辞海》，上海辞书出版社，2000 年版。
（42） 韩秋长、和莲芬主编：《鹊山轶闻》，中国戏曲出版社，2000 年版。
（43） 中国舞蹈志河北卷编委会编撰：《中华舞蹈志·河北卷》，学林出版社，2002 年版。
（44） 中国民间故事集成河北卷编辑委员会编：《中国民间故事集成·河北卷》，中国 ISBN 中心出版社，2003 年版。
（45） 杜学德主编：《中国民俗大系·河北民俗》，甘肃人民出版社，2004 年版。
（46） 中共内丘县委党史研究室编：《中国共产党内丘历史第一卷》，河北人民出版社，2005 年版。
（47） 冯思德主编：《燕赵文艺史话》，花山文艺出版社，2006 年版。
（48） 许高飞编著：《河北行政区划变更大典（1949—2005）》，方志出版社，2006 年版。
（49） 李俊良主修，韩秋长、张进斌主编，河北省内丘县地方志编纂委员会编：《内丘县志》，方志出版社，2006 年版。
（50） 韩秋长、和莲芬主编：《内丘神码》，花山文艺出版社，2008 年版。
（51） 韩秋长、和莲芬、韩朝霞编著：《扁鹊的传说》，花山文艺出版社，2008 年版。
（52） 韩秋长、和莲芬编著：《天棚地棚》，花山文艺出版社，

2008年版。
（53）韩秋长、和莲芬等编著：《孝子郭巨》，花山文艺出版社，2008年版。
（54）冯骥才总编，韩秋长、和莲芬主编：《中国木板年画集成·内丘神码卷》，中华书局，2009年版。
（55）路洪昌主编，和莲芬、张贵生编著，人文邢台选集编委会编：《内丘鹊山》，方志出版社，2009年版。
（56）马继兴编：《神农本草经辑注》，人民卫生出版社，2013年版。
（57）郑一民著：《神医扁鹊》，花山出版社，2014年版。
（58）付连国、胡静霞主编，和莲芬、张贵生编著，内丘神头村编委会编：《中国传统村落立档调查·内丘神头村》，河北美术出版社，2015年版。
（59）付连国、胡静霞主编，和莲芬、武春山编著，内丘非物质文化遗产编委会编：《内丘非物质文化遗产》，河北美术出版社，2015年版。
（60）常青主编，张贵生、和莲芬编著，内丘历史文化丛书编委会编：《内丘杏峪·寒山·鹤度岭》，河北美术出版社，2015年版。
（61）常青主编，贾城会编著，内丘历史文化丛书编委会编：《邢窑文化集萃》，河北美术出版社，2015年版。
（62）常青主编，申海林、刘爱军编著，内丘历史文化丛书编委会编：《内丘特色产品》，河北美术出版社，2015年版。
（63）李五魁、贾城会主编，内丘历史文化精粹编委会编：《内丘历史文化精粹》，河北美术出版社，2015年版。
（64）和莲芬、张贵生编著：《医祖影踪·内丘扁鹊文化传说》（“华夏文库·民俗书系”），大地传媒·中州古籍出版社，2016年版。
（65）潘鲁生、邱运华总主编，和莲芬、张贵生本卷主编，中国民间文艺家协会组织编写：《中国历史文化名村·河北神头》（“中国历史文化名城·名镇·名村丛书”），知识产权出版社，2017年版。

后记

早在2012年9月，我出席了河北省文学艺术界联合会第九次、河北省作家协会第六次代表大会。会后，河北省民间文艺家协会郑一民主席同我谈话，希望我完成“中国民间文化遗产抢救工程·国家社科基金特别委托项目《中国木版年画集成·内丘神码卷》”之后能再接再厉，对内丘县的地方文化进行系统走访整理，争取再次编纂国家图书项目的机会。回县后，我组织了一个地方文化志愿者团队，开始走访于民间。2014年6月，内丘文联接到中国民协、河北民协的通知，要求地方文联开展“中国传统村落立档调查”工作，我协调各协会人员组成志愿者工作队，深入第一线，历时一年完成调查摸底、登记和拍摄任务，并组织编写地方文化书籍十余册。

2015年12月，郑一民主席在河北省民协年会上，向全省各市民协、县文联下达了编纂“中国民间文化遗产抢救工程——中国千年古县丛书”和“中国民间文化遗产抢救工程——中国历史文化名城·名镇·名村丛书”任务。《中国千年古县·河北内丘》《中国历史文化名村·河北神头》作为上述两套丛书河北省卷的示范卷，由我任第一主编承担编纂任务。我深感自己在这方面的理论知识不够，研究根底较浅，心里一直不安，不敢接此重任。可郑主席一再鼓励我，说这是一件功在当代、泽被子孙的好事，应该努力去做，并提供了许多参考资料。回内丘后我积极向县委、县政府有关领导汇报，并付诸行动。恰在此时，因年龄到限，我离岗不再担任内丘县文联主席，这样就可以专心编写示范卷两部书稿了。在郑主席的不断鼓励和具体指导下，我编写了两部示范卷的目录提纲，经河北省丛书编委会审定后，在我们自愿组成的志愿者团队的努力下，用20个月的时间，终于完成了两部示范卷的初稿。郑主席在公务繁忙的情况下，抽出宝贵时间，多次到内丘实地考察，对文稿逐字逐句进行修改。我知道，郑主席的这份认真、这份用心，不只是给我们编写团队创造了出业绩的机会，更体现了他对工作的那份负责，对事业的那份执着。对郑主席全力成全我们编者的这份深情厚谊，我们深深表示感谢。

两部示范卷经过河北省民协刘贤老师的多次审阅，终于送往知识产权出版社。责任编辑，尽心尽责，加紧审稿，其间多次通过电话、

↓ 2017年编写摄影人员和莲芬（中）、秦凤英（右）、张贵生（左）、崔增印（后排右）、姚丽君（后排左）在牛王庙戏楼采风

微信交流修改意见，从文字通篇调整到括号内的小小注释，从图片选题到内容信息的寓意，不放过任何一个小小的细节，甚至精确到一个字的使用。《中国历史文化名村·河北神头》一书在2017年3月正式出版，今天《中国千年古县·河北内丘》也将付印。在此我们要感谢中国民协和知识产权出版社，他们为了保护千年古县和历史文化名城、名镇、名村独有的文化内涵和价值，投入资金和心血出版两套丛书，以奉献社会。

↑ 2016年摄影人员崔增印（手持航拍遥控器者）在航拍小西庙会活动

还要感谢《中国千年古县·河北内丘》示范卷志愿者工作团队，已离岗的县领导刘吉水、孔增建、常喜良，县人大常委会主任付连国、副主任胡静霞给予了大力支持和关怀。古稀之年的文化战线老领导张进斌、孙建华拿着放大镜认真审稿。已退休的摄影人员崔增印，妻子刚刚去世十天，为了抢拍节俗图片，他强压悲痛默默举起照相机。敬业的摄影人员姚丽君，老父亲去世，她忍住悲痛拍摄记录丧俗全过程，为成书贡献最原始最真实图片。病后初愈刚刚上任的县文联主席秦凤英，为了完成组稿，含着药片拖着浮肿的双腿走访在民间的一家一户。张贵生同志兼组稿、摄影、司机于一身，在编纂两部示范卷的同时，还与我共同主编完成了《医祖影踪·内丘扁鹊文化传说》《中国历史文化名村·河北黄岔》两部书稿的编写工作。郝明珂、姚卫国、贾城会、杨军放、王明海、郝素刚、李冠兴、刘继东、王国清、刘文祯、陈保才、郭梦姚、李军、陈锐、郝香国、李恒国等提供了有关文字、图片和支持，姜红 提供了有关史料。在收集文字资料和照片当中，曾得到许多同志的无私帮助，在此特向他们表示感谢。最后，我要把这两部书献给我亲爱的母亲。就在我采录编写期间，一直支持我工作的九十高龄老母亲突发脑栓塞，短短二十天就离开了我们，今天两部示范卷的完成，也是对她老人家在天之灵的告慰。

由于学识水平和能力所限，尽管我们已经尽了最大的努力，书中难免出现错误，敬请专家学者和广大读者批评指正。

和莲芬

2017 年 9 月于内丘

↓ 内丘县城“飞龙在天”

图书在版编目（CIP）数据

中国千年古县．河北．内丘／潘鲁生，邱运华总主编；中国民间文艺家协会组织编写．—北京：知识产权出版社，2019.1

（中国千年古县丛书）

ISBN 978-7-5130-5674-8

Ⅰ．①中… Ⅱ．①潘… ②邱… ③中… Ⅲ．①内丘县－地方史 Ⅳ．① K29

中国版本图书馆 CIP 数据核字（2018）第 157151 号

责任编辑：孙　昕　　**责任校对：**王　岩

书装设计：研美文化　　**责任出版：**刘译文

中国千年古县丛书

中国千年古县·河北内丘

中国民间文艺家协会　组织编写

总 主 编　潘鲁生　邱运华

本卷主编　和莲芬　秦凤英　张贵生

出版发行：知识产权出版社有限责任公司　　**网　址：**http://www.ipph.cn

社　址：北京市海淀区气象路 50 号院　　**邮　编：**100081

责编电话：010-82000860 转 8111　　**责编邮箱：**sunxinmlxq@126.com

发行电话：010-82000860 转 8101/8102　　**发行传真：**010-82000893/82005070/82000270

印　刷：天津市银博印刷集团有限公司　　**经　销：**各大网上书店、新华书店及相关专业书店

开　本：720mm×1000mm　1/16　　**印　张：**17.5

版　次：2019 年 1 月第 1 版　　**印　次：**2019 年 1 月第 1 次印刷

字　数：190 千字　　**定　价：**80.00 元

ISBN 978-7-5130-5674-8